왜 플라스틱이 문제일까?

!!!

왜 플라스틱이 문제일까?

강신호 지음

청아출판사

"유한한 세계에서 물질 소비의 무한한 성장은 불가능하다."

– 에른스트 슈마허, 영국 경제학자

보이지 않는 위협, 플라스틱의 역습

2년 전 봄쯤 경기도의 어느 마을을 잠시 방문했을 때였다. 일흔이 넘어 보이는 노부부가 텃밭을 돌보고 있었다. 봄이 무르익어서 새로이 모종을 심어야 하는 때였으므로, 지난해 농사 흔적을 지우고 새롭게 땅을 일굴 채비를 하는 거였다. 그런데 이분들이 널따란 밭을 구석구석 다니면서 흙을 헤집고 뭔가를 줍고 있었다. 거들고 싶어서 가까이 가서 보니 검은색 비닐 조각을 들고 있었다. 지난해 잡초를 막으려고 두둑에 씌웠던 멀칭 비닐이었다. 그때 내 귀에 노부부의 말이 들려왔다.

"작년에 수확할 때 다 걷어낸 줄 알았는데 여태 흙 속에 남아 있네. 비닐이 조금이라도 남아 있으면 안 돼. 흙이 오염되거든."

노부부의 말이 한동안 내 머릿속을 떠나지 않았다. 노부부는 플라스틱이 자연에 해가 된다는 걸 잘 알고 있었다. 하지만 다시 검은 멀칭 비닐로 두둑을 덮고 농사를 지을 수밖에 없을 것이다. 지금도 수 많은 토지가 비닐하우스와 멀칭 비닐로 계속 덮히고 있다. 한번 편리 함에 익숙해지면, 그것이 불러올 위협을 알면서도 멈출 수 없기 때문 이다.

인류가 플라스틱을 생활 속에 받아들여 사용한 지 70여 년이 지 났다. 이제는 플라스틱이 인류의 삶에 끼치는 득과 실을 따져볼 때가 되었다. 플라스틱처럼 자본주의 경제에 꼭 맞는 물질도 없다. 하지만 지구라는 행성, 아니 인간을 포함한 자연생태계의 관점에서 본다면, 플라스틱은 분명 위협적인 물질이다. 그동안 플라스틱이 자연생태 계에 어떤 영향을 주었는지 제대로 파악되지 않았고, 플라스틱의 남 용이 미래에 어떤 부작용을 미칠지 아무도 알 수 없다. 다만 이제 막 드러난 불길한 조짐만으로도 다가올 파장이 어마어마할 거라고 추 측할 수 있을 뿐이다.

어떤 물건이 세상에 처음 나와 일상에서 쓰이다 보면, 시간이 흘 러 어느 시점에 존폐의 갈림길에 들어서게 된다. 처음에는 멋모르고 새로운 매력에 취해서 쓰게 되지만, 자꾸 문제가 반복되고 부작용이 누적되면 그 물건을 서서히 줄일 수밖에 없다. 우리는 플라스틱을 존 폐의 갈림길에 놓고 봐야 한다. 플라스틱은 편리하지만, 부작용은 상 상할 수 없을 만큼 치명적이며 오래간다. 그리고 그 피해는 고스란히 인류가 떠안게 된다.

플라스틱은 두 얼굴을 가졌다. 어디서든 쉽게 구할 수 있고 값도 저렴하며 사용하기에 편리하지만, 인간과 자연생태계에 돌이킬 수 없는 치명상을 안긴다. 따라서 플라스틱이 몰고 올 재앙을 막으려면 플라스틱의 실체를 정확히 알아야 한다.

이 책은 플라스틱이 어떻게 해서 세상에 나오게 되었고, 우리 생활 깊숙이 침투해 어떤 문제를 일으키고 있는지 여실히 보여줄 것이다. 그리고 플라스틱 문제를 해결하려면 어떤 노력을 해야 하는지도 함께 고민할 것이다.

플라스틱 문제는 환경운동가나 환경단체만 참여해 풀 수 있는 사안이 아니다. 우리 모두가 경각심을 지니고 해결해야 할 문제다. 청소년들이 그 걸음에 함께한다면, 우리의 앞날이 더욱 밝아지리라 믿는다.

차례

4장 지구를 점령한 외계물질, 플라스틱

5장 쓰레기 대란을 막을 순환경제

1장

플라스틱
전성시대

플라스틱이 지배하는 일상

　멀리서 바람 소리가 들린다. 소리가 점점 가까워지나 싶더니 귀청을 때린다. 지민이는 문득 알람 소리라는 것을 깨닫는다. 하지만 몸은 아직 잠에 취해 있다. 눈이 안 떠진다. 몇 번을 뒤척인 끝에 지민이는 잠자리에서 일어난다. 꾸물대다가는 지각할 게 뻔하기 때문이다.

　눈이 반쯤 감겨 있는 채로 이불을 개던 지민이는 상큼한 향이 나는 이불에 얼굴을 묻었다. 계절이 바뀌었다며 엄마가 갈아준 이불은 너무나 보드랍다. "이 냄새와 감촉 때문에 푹 잤나 보다." 지민이는 중얼거리며 눈을 떴다. 그때 이불자락 끝에 붙어 있는 라벨이 눈에 들어왔다. '겉감은 면 100%, 솜은 폴리에스테르 100%'라고 적혀 있다.

지민이는 방에서 나와 주방으로 간다. 엄마는 아침상을 차리다가 놀란 표정을 지으며 지민이에게 말한다.

"오늘 웬일이니? 스스로 일어나고? 잠은 잘 잤니?"

지민이는 눈을 비비며 의자를 당겨 앉는다.

"엄마, 새 이불이 엄청 가볍고 따뜻하던데요? 냄새도 좋고. 참, 라벨에 겉감은 면 100%, 솜은 폴리에스테르 100%라고 적혀 있던데, 그게 무슨 뜻이에요?"

엄마는 잠시 생각하는 듯하다가 이렇게 말한다.

"이불을 싸고 있는 천은 목화에서 뽑은 실로 만들었고, 안에 든 솜은 합성섬유로 만들었다는 거야."

"그럼 폴리에스테르 솜은 인공적으로 만들어진 섬유네요?"

숟가락으로 밥을 뜨며 지민이가 되물었다.

"맞아. 플라스틱을 아주 얇은 실로 뽑아서 솜처럼 뭉쳐놓은 거야. 그러니까 목화에서 뽑은 솜과는 감촉이 다르지."

"그럼 왜 목화솜을 안 쓰고 합성섬유 솜을 쓰는 거예요?"

"옛날엔 목화솜을 많이 썼어. 엄마도 어렸을 때 목화솜 이불을 덮고 잤지. 그런데 엄청 무거웠어."

엄마는 옛날 생각이 난다는 표정을 지었다.

"목화솜은 오래 쓰면 뭉쳐지고 보온이 잘 안 돼. 그래서 가끔씩 솜틀집에 맡겨서 솜을 부풀려야 했어. 그것만 빼면 건강에도 좋고 환경에도 좋았지."

하지만 플라스틱 솜은 탄력이 좋고 가볍고 값이 저렴해서 인기가 좋다고 덧붙였다.

"그나저나 너 이럴 시간 있는 거니? 얼른 아침 먹고 씻어라. 학교 늦겠어!"

지민이는 엄마의 잔소리에 아침식사를 얼른 끝내고 욕실로 들어간다. 칫솔에 치약을 짜려다가 칫솔모를 물끄러미 본다. 칫솔모의 뿌리에서 끄트머리까지 아주 가는 플라스틱 실들이 촘촘하게 박혀 있다.

'아하, 플라스틱 실보다 더 가늘게 만든 게 플라스틱 솜이구나. 그럼 극세사 수건도 플라스틱 솜으로 만들어졌나?'

궁금증이 생긴 지민이는 양치질을 끝내고 서랍을 연다. 포개져 있는 수건을 꺼내 라벨을 확인하니 '면 100%'라고 적혀 있다. 수건들 틈에 있는 스포츠 타월에는 '폴리에스테르 80%와 폴리아미드 20%의 혼합물'이라고 적혀 있다.

"'폴리'라는 말이 붙은 걸 보니 '플라스틱'이라는 건데…… 어떻게 물 흡수력이 좋을 수 있지?'

지민이는 수건으로 물기를 닦으며 의문이 든다.

입고 갈 옷을 옷장에서 꺼내던 지민이는 셔츠와 바지에 붙은 라벨을 찾는다. 셔츠 안쪽 솔기에 붙은 라벨에 '면 86%, 레이온 14%', 바지 주머니 안감에 붙은 라벨에는 '폴리에스테르 91%, 폴리우레탄 9%'라고 적혀 있다. '그럼 가방은?' 지민이는 얼른 가방을 열고 라벨을 찾는다. 카키색 외피와 어깨끈 모두 폴리에스테르 표시가 보인다. 지민이는 가방을 메고 운동화를 신는다. '운동화도 설마?' 겉창은 에나멜가죽이고 밑창은 폴리우레탄이다. 지민이는 신발을 신으며 고개를 절레절레 젓는다.

엄마가 지민이에게 "마스크는 하고 가야지."라고 말하며 KF94급 마스크를 내준다. 폴리프로필렌 부직포로 만들어진 일회용 마스크다. 지민이는 마스크를 귀에 걸다 말고 엄마에게 외친다.

"엄마! 몽땅 다 플라스틱이에요. 이것도 폴리 저것도 폴리. 정말 이래도 되는 걸까요?"

엄마가 영문을 모른 채 지민이의 얼굴을 빤히 쳐다본다.

플라스틱을 둘러싼 불편한 진실

여러분은 지민이의 모습을 엿보면서 플라스틱이 일상생활에 얼마나 많이 사용되고 있는지 느꼈을 것이다. 대부분의 사람들은 생활 속 깊이 파고드는 플라스틱의 존재를 잘 알아차리지 못한다. 너무나 흔하고 폭넓게 사용되기 때문이다.

우리는 필름 모양의 플라스틱을 참 많이 쓴다. 그중에서도 '비닐랩'이라고 부르는 플라스틱은 어디서나 흔히 사용되는 포장재다. 너무나 투명해서 음식물을 싸면 깨끗하게 보이고, 유연하면서 질기기까지 해서 뭘 싸도 휘감기며 척 붙는다. 밀봉도 되니 뚜껑이 필요 없고 진공포장도 할 수 있다. 게다가 두루마리에 감겨 있어 잡아당기면 술술 풀려서 마음껏 쓸 수 있다. 사실 국물이 흐를 수 있는 제품을 포장하는 게 제일 힘든 일인데, 비닐 랩은 그런 고민을 한 번에 해결한다. 예전부터 식품포장재로 가장 많이 쓰는 재료 중 하나가 폴리염화비닐(polyvinyl chloride, PVC) 랩이다. PVC 랩이 등장하면서 우리나라에서는 1980년대부터 많이 쓰이기 시작했다.

그런데 폴리염화비닐을 태우면 환경호르몬과 발암물질이 나온다는 사실이 알려지기 시작하면서 외국에서는 식품포장용으로 사용이 금지되었다. 우리나라는 2005년부터 냉동식품을 제외한 모든 식품에 사용하지 못하도록 규제하고 있지만, 다른 용도로는 여전히 PVC 랩을 많이 사용하고 있다. 심지어 대형 마트에서 슬그머니 PVC 랩으로 음식물을 포장한다는 보도가 있을 정도다.[1]

음식물을 포장하는 플라스틱만큼은 철저하게 안전해야 한다. 물론 정부나 제조사는 안전하다고 말하지만, 소비자들은 안심하기 어렵다. 세월이 한참 흐른 후에 문제가 드러나는 것처럼, 플라스틱의 부작용도 장기간 몸속에 축적된 후 증상이 나타나기 때문이다.

미국의 소비자 연맹의 수석과학자였던 에드워드 그로스(Edward Groth) 박사는 플라스틱의 안전성에 대해 이렇게 말했다.

"플라스틱이 안전하다고 할 수도 없고, 안전하지 않다고도 할 수 없다. 사실 우리는 플라스틱에 대해 잘 모르고 있다."[2]

이 인터뷰는 1999년에 이루어졌다. 그로부터 20여 년이 지난 지금, 우리는 플라스틱에 대해 완벽히 알게 되었을까? 그렇지 않다. 짧은 시일에 일어나는 변화는 금방 알 수 있지만, 긴 시간 동안 조금

비닐의 정체는?

플라스틱으로 만든 얇은 필름을 흔히 '비닐'이라고 한다. 원래는 '플라스틱 필름'이라고 해야 하지만, 우리나라에서는 '비닐'이라고 부른다. 그래서 외국인들은 '비닐 백'이라는 말을 이해하지 못한다. 정확한 말은 '플라스틱 백(plastic bag)'이다.

비닐을 만들 수 있는 플라스틱의 종류로 폴리에틸렌(polyethylene, PE), 폴리프로필렌(polypropylene, PP), 폴리염화비닐 등이 있다. '비닐'이라는 말 자체는 폴리염화비닐을 줄인 말이다. 그래서 엄밀히 말하면 폴리염화비닐로 만든 얇은 것만 '비닐'이라고 부를 수 있디. 비닐 제품에는 비닐봉지와 비닐 랩이 있다. 비닐봉지는 물건을 담을 수 있는 비닐 주머니이고, 비닐 랩은 두루마리에 감겨 있는 얇은 비닐 막을 가리킨다.

씩 새어 나오는 오염물질은 알아차릴 수가 없다. 다양한 환경에 노출된 플라스틱들에서 어떤 물질이 새어 나오고 있는지, 또 우리에게 어떤 영향을 줄지 충분히 검증되지 않았다. 그 이유는 플라스틱이 소재로 쓰이기 시작한 지 불과 70여 년 만에 생활 전반으로 급속히 확대된 데다 저절로 분해된 것을 직접 본 적이 없기 때문이다. 어느 누구도 이렇게나 많은 미세플라스틱이 바다 위를 떠다니게 될 거라고 짐작하지 못했다. 우리는 아직도 플라스틱에 대해 모르는 게 너무 많다.

플라스틱 오염을 고발하다

해양 플라스틱 쓰레기를 최초로 알린 찰스 무어

바다를 연구하는 학자이자 요트 선장인 찰스 무어(Charles Moore)는 1997년 로스앤젤레스와 하와이 사이의 태평양을 횡단하는 요트경주에 참가한 후 돌아오고 있었다. 우연히 북태평양의 환류지대(해류들이 모였다가 돌아 나가는 지역)를 지나던 중 기괴한 풍경이 그의 눈에 들어왔다. 맑은 바닷물 대신 온갖 종류의 플라스틱 조각들이 수면 아래에 떠 있었던 것이다. 바다 한가운데 떠 있는 쓰레기 더미는 최소한 텍사스 면적의 2배 정도의 크기였다. 그는 나중에 이 이야기와 함께

식품 포장용 플라스틱의 안전성 기준[3]

우리나라는 식품용 기구 및 용기 · 포장에 대해 '식품위생법 제9조 및 축산물 위생관리법 제5조'에서 안전한 규격과 기준을 제시하고 있다. 이에 따르면, 음식물에 직접 닿을 수 있는 그릇이나 포장재로부터 해로운 물질이 새어 나와 음식물로 옮겨갈 우려가 있는 물질에 대한 규격 등을 '기구 및 용기 · 포장에 관한 기준 및 규격'으로 관리하고 있다.

여기서는 플라스틱 재질별로 성분 규격과 이를 시험할 수 있는 방법을 정해놓았는데, 특히 재질별 규격에서는 잔류 규격과 용출 규격이 정해져 있다. 잔류 규격이란 기구 · 용기 · 포장 제조 시 원료 속의 유해 물질이 재질에 남아 있을 경우, 허용하는 유해 물질의 최소량을 정해놓은 것이다. 반대로 용출 규격은 사용하는 도중에 재질에서 유해 물질이 빠져나올 경우, 허용할 수 있는 유해 물질의 최대량을 정해놓은 것이다.

예를 들어, 폴리염화비닐의 가소제 * 로 많이 쓰이는 6종의 프탈레이트 (phthalate)에 대해 허용할 수 있는 한도를 정해놓고 있다. 다시 말해 완전히 금지하는 게 아니라, 유해 물질의 잔류량과 용출량의 최소 또는 최대 허용량을 정해놓고 있는 것이다. 따라서 음식물이 빈번하게 폴리염화비닐에 노출되면 누적된 유해 물질의 양이 기준치를 벗어나게 되므로 주의해야 한다.

* 가소제 : 플라스틱으로 제품을 만들 때 가공성과 유연성을 높이기 위해 첨가하는 물질

플라스틱 쓰레기가 해양생물에 미치는 영향을 기사로 썼고, 이는 곧 큰 관심을 불러일으켰다. 그는 이 기사를 통해 해양 플라스틱 쓰레기 섬의 존재를 최초로 알린 사람이 되었다.

그 후 무어는 알갈리타 해양연구교육재단(Algalita Marine Research and Education Foundation)을 설립하고 본격적으로 플라스틱 오염 현황을 조사하기 위해 2008년에 '쓰레기 뗏목(Junk Raft)' 프로젝트를 기획한다. 그는 이 프로젝트를 통해 미세플라스틱으로 해양 생태계가 파괴되고 있음을 알리고자 했다. 쓰레기 뗏목은 총길이 9.1m로, 경비행기인 세스나의 몸체에 1만 5,000개의 플라스틱 병, 낡은 돛 등을 연결해 만들었다. 당시 해양 플라스틱을 연구하고 해결책을 찾는 국제적 비영리 단체인 5대환류연구소(The 5 Gyres Institute)의 설립자인 마커스 에릭센(Marcus Eriksen) 박사와 카메라 감독이 승선했다. 이들은 2008년 6월 1일 로스앤젤레스 롱비치를 출발해 약 3개월 후 8월 28일에 하와이 호놀룰루 항에 도착함으로써 임무를 완수했다.

무어는 이후에도 태평양 일대를 비롯해 칠레 인근 해안을 계속 탐색했다. 바닷물 샘플을 채취하면서 미세플라스틱 함유량을 측정하고 기록했는데, 놀랍게도 모든 바닷물 샘플에서 미세플라스틱이 증가하고 있다는 결과가 나왔다. 미세플라스틱이 해양 생태계에 미치는 영향을 파악하려는 그의 연구는 지금도 계속되고 있다.

▌해양 플라스틱의 오염 실태를 조사하기 위해 만든 쓰레기 뗏목

가수이자 환경운동가인 잭 존슨

하와이 출신의 가수 겸 작곡가인 잭 존슨(Jack Johnson)은 서핑을 즐기는 낙천적인 성격의 소유자였다. 하지만 바다를 오염시키는 플라스틱의 존재를 직접 보고 난 후 환경을 지키는 운동과 예술 활동을 하기로 마음먹게 된다.

존슨은 2015년 6월에 얼마나 많은 플라스틱이 바다로 유입되는지 조사하는 프로젝트에 합류했다. 5대환류연구소의 공동 설립자인 마커스 에릭센 박사가 주도한 그 프로젝트는 북대서양에 있는 사르가소해(Sargasso Sea)를 방문하는 것이었다. 존슨은 프로젝트에 참여하면서 영화 제작자와 함께 〈바다의 스모그(The Smog of the Sea)〉라는 단편 다큐멘터리를 제작해 해양 미세플라스틱 오염 문제를 고발했다. 플라스틱 오염이 해양에 얼마나 중대한 영향을 미치는지를 눈으로 직접 확인한 존슨은 여행 직후에 〈All The Light Above It Too〉라는 앨범을 발표하기도 했다.

이 앨범에 수록된 노래들은 해양 플라스틱이 거대한 바다를 손쉽게 점령하고 해양 생태계를 파괴하는 것에 대한 우려와 슬픔을 담고 있다. 그는 바다에 떠 있는 미세플라스틱의 발생 과정에 대해 이렇게 설명한다.

"가로세로 30cm 크기의 플라스틱을 하나 발견하면, 그 주위에서 더 잘게 쪼개진 16개 조각들을 찾을 수 있었다. 그리고 각각의 조각

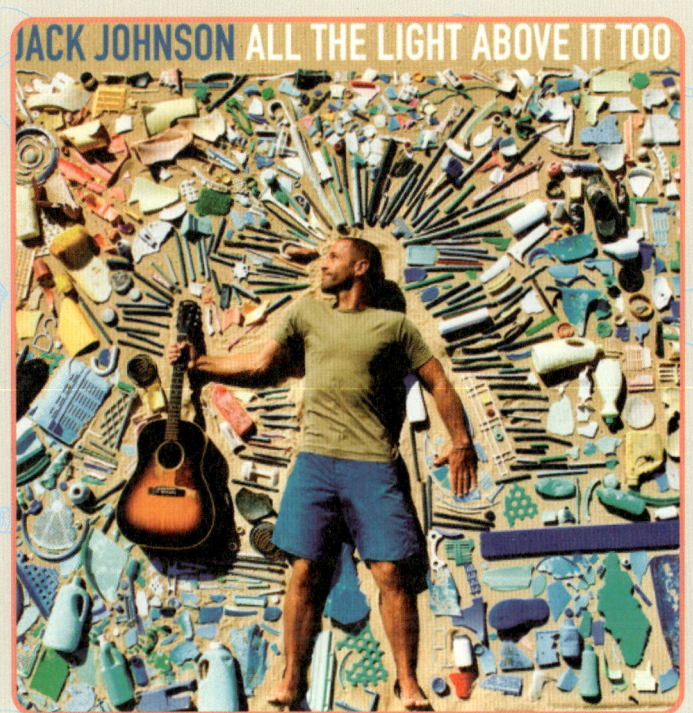

잭 존슨의 7번째 정규 앨범 표지

주변에는 더 잘게 쪼개진 16개의 조각들이 있었다. 즉 미세플라스틱이 어떻게 만들어지고 퍼지는지를 확인한 것이다."

잭 존슨은 이후에 코쿠아 하와이 재단(Kokua Hawaii Foundation)을 설립하기에 이른다. 그리고 재단의 활동을 통해 하와이의 학교에서 환경교육의 교안과 프로그램을 만들기 시작했다. 여기서 제공하는 프로그램은 농장에서 학교까지 프로그램, 플라스틱 프리 프로그램, 재활용 프로그램, 아름다운 자연으로의 견학 프로그램이 있다.

사진으로 환경문제를 알리는 크리스 조던

시애틀에 거주하는 아티스트이자 사진작가인 크리스 조던(Chris Jordan)은 환경문제에 관심이 높은 예술인이다. 그는 플라스틱 폐기물이 쌓여 있는 이미지를 이용해 현대사회의 물질주의와 거대 소비주의를 고발하는 작품 활동을 해왔다. 조던은 인류가 지구를 파괴하고 있는 행위와 플라스틱 쓰레기의 문제점을 집중적으로 조명했다. 그의 프로젝트 시리즈 중 '참을 수 없는 아름다움 : 미국 대량 소비의 초상화'에서는 미국의 항만과 산업 시설에 쌓여 있는 전자제품 쓰레기 더미를 소개한다. 그리고 환경오염의 실태를 적나라하게 보여주며 많은 사람들에게 경각심을 일깨운다.

조던은 해양 플라스틱 오염 문제를 연구하던 2008년 즈음에 태평양의 작은 환초에서 환경비극이 일어나고 있음을 주목했다. 그는

▎2009년, 크리스 조던이 미드웨이섬에서 찍은 어린 앨버트로스의 사체. 먹
이로 착각해 먹은 플라스틱 파편이 몸속에 그대로 남아 있다.

팀을 꾸려 2009년 9월에 태평양의 미드웨이섬을 찾아갔다. 그 섬은 가까운 대륙으로부터 3,200km나 떨어져 있는 고립된 곳이었다. 4년여 동안 여덟 차례 그 섬을 방문한 조던은 새들의 천국이었던 그곳에서 앨버트로스의 일생을 지켜보고 기록하게 된다. 새들의 보디랭귀지를 배우고, 새들의 출생과 성장, 번식 그리고 죽음의 과정을 근접 촬영하면서 편견 없이 기록하고자 했다.

그가 촬영한 사진과 영상은 오랜 편집과 수정작업을 거친 후 2018년 4월 22일 지구의 날에 〈앨버트로스(Albatross)〉라는 제목으로 공개되었다. 플라스틱 조각을 먹이로 알고 먹었다가 죽어가는 수천마리의 앨버트로스의 모습을 생생하게 담은 다큐멘터리 영화였다. 조던은 이 영상을 상업적 수익을 위한 용도로 쓰고 싶지 않았다. 미드웨이섬에서 앨버트로스를 만난 것 자체가 삶을 바꾸게 만든 선물이었다고 생각한 조던은 이 영화를 가장 순수한 형태로 대중에게 공개했다. 크리스 조던은 우리나라에도 방문해 전시회와 인터뷰, 강연을 통해 작품을 공개했고, 영상과 사진 전시회를 본 많은 사람들이 충격을 받았다. 무심코 버린 플라스틱이 어떻게 다른 생명체에게 악영향을 주고 있는지를 생생하게 보았기 때문이다.

미세플라스틱은 무엇일까?

미세플라스틱^(또는 마이크로 플라스틱)은 사람이 인위적으로 만든 1차 미세플라스틱과 자연적으로 서서히 쪼개져 생긴 2차 미세플라스틱으로 나뉜다. 화장용품에 쓰이는 마이크로비드^(microbead, 고체 가공 플라스틱 입자)는 지름 1mm 이하의 인공적으로 만들어진 1차 미세플라스틱이다. 많은 국가들은 이것이 바다와 식수원을 오염시킬 수 있다는 것을 알고 법으로 생산을 금지하고 있다. 2차 미세플라스틱은 방치되어 있다가 자외선에 노출된 부분부터 금이 생기고 이것이 바람이나 물결에 부딪히면서 작은 크기로 떨어져서 생긴다. 미세플라스틱은 5mm 이하의 플라스틱 조각을 가리키는데, 그중에서도 $1\mu m$^(마이크로미터) 이하의 아주 작은 알갱이를 '초미세플라스틱^(또는 나노 플라스틱)'이라고 한다.

미세플라스틱은 플라스틱 제품을 쓰는 과정에서 사용 조건이 급격히 바뀔 때 제품의 표면에서 떨어져 나온다. 플라스틱이 자연에 노출되면 자외선이나 열에 의해 분해되기도 하고, 바람과 물결에 의해 서로 부딪히면서 깨지기도 한다. 잘게 부서질수록 표면적이 늘어나서 유기물과 쉽게 반응할 수 있는 조건이 된다.

만일 이런 미세플라스틱이 흙 속에 있게 되면 흙 속 미생물들의 서식지를 황폐화시킨다. 해저 층에 미세플라스틱이 가라앉으면 유독 성분이 많은 층을 만들거나 해저 토양의 가스교환을 막는 부작용을 낳기도 한다. 플라스틱 속의 첨가제와 같은 화학물질이 어떤 조건에서 새어 나오면, 주변 환경과 생명체에 쉽게 흡수되어 오랫동안 잔류하게 된다. 폴리염화비닐이나 폴리스티렌 등 일부 플라스틱들은 발암물질이나 발암 가능 물질을 함유하고 있어서 자연 속에 방치되어서는 안 되지만, 워낙 많이 버려지다 보니 미세플라스틱으로 생기는 환경오염은 예측하기 어려운 실정이다.

바다에는 정말
거대한 플라스틱 섬이 있을까?

태평양과 대서양 같은 큰 바다에 한반도의 5배에 이르는 플라스틱 쓰레기 섬이 있다고 알려져 있다. 하지만 그 쓰레기 섬을 실제로 본 사람은 없다. 섬이라고 부를 만큼 거대하다면 인공위성이나 섬 근처를 지나가는 배에 한 번쯤은 관측되었을 것이다. 쓰레기가 저절로 모여 만들어진 섬은 실제로는 존재하지 않는다. 오대양 어디에도 플라스틱 쓰레기만으로 이뤄진 섬은 없다.

그렇다면 거대 플라스틱 쓰레기 섬이 바다 한가운데 있다는 이야기는 거짓인 걸까? 바다는 '해양 컨베이어 벨트(The Global Ocean Conveyor Belt)'라고 불리는 거대한 바닷물 흐름에 따라 순환하는데, 이 순환을 가능케 하는 것이 바로 환류(gyres)다. 환류는 느리게 순환하는 소용돌이인데, 환류를 따라 대양의 특정한 지역에서 해류가 돈다. 지구의 바다에는 5개의 주요 환류가 있다. 바로 북대서양 환류, 남대서양 환류, 북태평양 환류, 남태평양 환류 및 인도양 환류다. 이 환류는 바닷물의 순환이 일어나는 데 중요한 영향을 미친다.

환류의 중앙은 매우 조용하고 안정적이다. 그래서 육지로부터 바다로 흘러들어온 플라스틱 쓰레기가 환류 중앙에 실려 들어가면 나오지 못하고 갇히게 된다. 여기서 플라스틱은 수면 아래에 떠 있는 채로 아주 천천히 잘게 부스러지는 운명을 맞는다. 초기에는 가벼워서 수면 위에 떠 있지만, 시간이 지나 녹조류 같은 유기물이 흡착되기 시작하면서 무게가 늘어나 수면에서 바로 몇 센티미터 아래부터 수 미터 아래까지 잠

▌북태평양 환류 지대의 수면 아래에 떠 있는 플라스틱

긴 채 부유한다. 이 상태로 자외선과 물결을 맞으며 점차 부서져 미세플라스틱이 되는 것이다.

찰스 무어가 북태평양 환류 지대에서 발견한 것은 미세플라스틱 조각들을 비롯한 쓰레기가 떠 있는 오염지역이었다. 거대한 플라스틱 쓰레기 섬을 본 것으로 묘사되지만 사실은 아니다. 플라스틱늘 조각늘과 쓰레기 부리는 환류를 따라 계속 움직이므로 정확한 크기를 측정하기가 힘들기 때문이다. 이렇게 미세플라스틱이 섞인 물은 끈적한 수프처럼 보이기도 한다. 생태학자들과 연구자들의 보고에 따르면, 최근 해양 쓰레기의 약 70%가 바다 밑으로 가라앉고 있다고 한다.

2장

플라스틱이
세상에 처음
나올 때

새로운 재료가 문명을 바꾸다 💵

현생인류의 조상뻘 되는 구인류가 지구상에 처음 출현한 것은 지금으로부터 약 420만 년 전 아프리카 동쪽 지역이었다고 한다. 인류학자들은 구인류인 오스트랄로피테쿠스가 서서 걷고 도구를 사용할 수 있었다고 추측한다. 구인류는 동물의 뼈를 깎고 잘라 도구로 쓰기 위해 단단한 돌을 이용했던 것으로 보인다. 인류가 돌을 가장 먼저 이용했던 이유는 어디서든 쉽게 발견할 수 있었기 때문이다. 그렇다면 흔히 볼 수 있는 돌과 자갈, 흙은 어떻게 해서 만들어졌을까? 그것을 설명하려면 우주가 탄생된 시점으로 거슬러 올라가야 한다. 우주가 탄생할 때 우주공간을 떠돌던 우주먼지와 운석 같은 것들이 중력에 의해 서서히 모이면서 별처럼 덩치가 커졌다. 그리고 별의 중심부에서 핵반응이 일어나 높은 열이 생기면서 다양한 물질들이 녹아 뭉치고 커져 산과 계곡, 바위가 되었다. 큰 바위는 오랜 세월을 거쳐 비, 바람, 기온, 생물 등의 작용을 받아 부서지고 쪼개져 모래와 흙이 되었다. 이때 녹는점이 같거나 결합하기를 좋아하는 물질들이 모여서 특별한 돌이 되는데, 이것을 '광석'이라고 한다. 금이 많이 들어 있으면 금광석, 철이 많으면 철광석, 구리가 많으면 구리 광석이라고 부른다.

이후 석기시대는 불을 이용하면서 농사를 짓고, 가축도 길렀으며, 집을 지어 정착하는 생활로 발전할 수 있었다. 그런데 어느 시기에 석기시대 사람들은 산에서 짙은 푸른색의 돌을 발견했고, 우연히 불길 가까이 둔 돌이 녹아서 청동이 된 것을 알게 되었다. 역사학자들은 이 무렵이 기원전 1만 년 즈음이며 이때부터 석기시대가 끝나고 청동기시대가 시작되었다고 본다. 청동은 구리에 주석이라는 금속이 합쳐진 물질이다. 청동이 인류의 역사 속에 철보다 먼저 쓰이게 된 것은 녹는 온도가 훨씬 낮았기 때문이다. 나중에 철도 녹일 수 있게 되면서 철기시대가 열리게 된다.

철은 청동보다 훨씬 더 단단하고 다양한 합금으로 만들기 쉬웠다. 철을 마음대로 다룰 수 있게 되면서 인류의 현대 문명은 황금기를 맞게 되었다.

자연을 흉내 낸 인공물질

자연에서 만들어진 신소재, 고무

약 3,600년 전 중앙아메리카인들은 고무나무에서 나오는 라텍스 (우유빛의 액체)를 나팔꽃에서 추출해서 공 모양으로 빚었다. 이 공은 오늘날의 배구공이나 야구공 같은 크기로 만들어졌다고 한다. 아즈텍 또는 마야 문명 사람들은 이 공을 가지고 놀거나 제사 의식을 치르는 데 사용했다. 공이 '비옥함'을 상징했기 때문이다. 지금까지 약 100여 군데의 유적지에서 고대 고무공이 출토되었다.

원래 고무나무는 멕시코와 중앙아메리카 대륙에 서식하고 있었다. 마야 문명을 멸망시킨 스페인 정복자들의 기록에 따르면, 마야인들은 고무재질로 만들어진 샌들을 신었다고 한다. 아즈텍인은 고무 그릇을 사용했고 라텍스에 천을 담가서 방수되는 옷도 만들었다고 한다.

당시 기술 선진국이었지만 고무의 존재를 몰랐던 유럽에서는 1839년에 찰스 굿이어(Charles Goodyear)가 천연고무에 황을 첨가해 탄력성을 갖게 하는 방법이 성공하면서 본격적으로 고무산업이 일어나게 된다. 천연고무는 탄력이 좋지 못하고 시간이 지나면 노화되어 처음의 성질을 잃고 만다. 그런데 여기에 황을 첨가하면 탄력과 강도가 좋아지면서 수명이 길어진다는 것을 알게 된 것이다. 이것을 '가황고무'라고 하는데, 고무의 용도를 폭넓게 늘리는 계기가 되었다. 지금도 굿이어는 자동차 타이어 제조회사의 대표 브랜드로 알려져 있다. 영국은 일찌감치 고무산업의 앞날을 예견하고, 자국의 식민지였던 말레이시아와 스리랑카 등 동남아시아 지역으로 고무나무를 옮겨 심었다. 반면 아메리카 대륙의 고무나무는 잎마름병이 대륙을 휩쓸면서 더 이상 고무를 생산하지 못했다. 현재 천연고무 산업은 태국, 인도네시아, 말레이시아 등에서 전 세계 수요량의 80% 이상을 생산하고 있다.[1]

플라스틱이 등장하다

인간이 자연에 존재하는 고분자(화합물 가운데 분자량이 대략 1만 이상인 분자)를 자유자재로 만들 수 있다면 얼마나 좋을까. 굳으면 금속 못지않게 단단하며, 녹슬거나 물이 새지도 않는데다 전기도 통하지 않는 물질이라면? 지금 시대에도 대박 나는 신소재일 것이다.

1856년 알렉산더 파크스(Alexander Parkes)라는 영국의 금속학자가 천연 고분자에 화학물질을 반응시켜 만든 파크신(parkesine)으로 특허를 받았다. 이 특허를 승계한 존 웨슬리 하얏트(John Wesley Hyatt)는 개조된 방식으로 셀룰로이드(celluloid)를 발명하는 데 성공했고 1868년부터 본격적으로 생산하기 시작했다. 셀룰로이드는 처음에는 상아(코끼리의 엄니)를 대체하는 재질의 당구공으로 만들어지다가 나중에는 영화와 사진의 필름 재료로 많이 쓰였다. 하지만 셀룰로이드는 자연에서 얻어지는 섬유소(cellulose)를 질산과 용제와 섞어 만든 것이어서 사람이 만든 진정한 합성물질로 인정받지는 못했다.

마침내 1907년에 인공적으로 합성한 최초의 고분자 물질이 나오는데, 그것이 바로 베이클라이트(bakelite)다. 벨기에 태생의 미국 화학자인 레오 베이클랜드(Leo Baekeland)가 발명하면서 상업적으로 생산되기 시작했다. 이때부터 그는 '플라스틱의 아버지'로 불리게 된다. 베이클라이트는 매우 단단하면서도 전기를 통하지 않게 하는 성질과 열에 견디는 성질이 뛰어나서 전자제품을 만들 때 많이 사용된다.

베이클라이트는 열을 가해서 성형해놓고 나면 열을 가까이 해도 모양이 변하지 않는 열경화성 플라스틱이다. 이와 반대로 열가소성 플라스틱은 한번 모양이 굳은 후라도 다시 열을 가하면 다른 모양으로 성형이 가능하다. 주방에서 사용하는 그릇이나 주걱, 수저 등은 높은 온도에도 모양이 뒤틀리지 않아야 하므로 열경화성 플라스틱으로 만들어진다. 반면에 페트(PET)나 폴리에틸렌, 폴리프로필렌 같은 열가소성 플라스틱은 생활재로 많이 쓰인다. 전 세계 플라스틱 제품 시장의 약 80%를 차지하고 있을 만큼 열가소성 플라스틱의 용도는 다양하다.

신소재를 향한 인간의 욕망

탄화-수소 화합물(탄소와 수소로 이루어진 화합물)인 플라스틱은 유기물질인 화석자원으로부터 원료를 얻어 만들어진다. 유기물질이란 탄소를 중심으로 수소, 산소 등이 결합되어 만들어진 화합물을 말한다. 탄소와 수소, 산소는 생명체 안에서 결합해 살과 뼈를 만들고 생명 유지에 필요한 에너지가 된다.

고분자가 되기 이전의 에틸렌(ethylene)이나 프로필렌(propylene), 스티렌(styrene) 등은 이런 유기체의 분자일 뿐이다. 그런데 이런 분자들이 1만 개 이상 연속적으로 붙어서 사슬 구조를 만들면 그때부터 '고분자'라고 부른다. 나무의 섬유질이나 천연고무 같은 것은 말 그대로 천연 고분자다. 반면에 인공적인 방법과 장치를 이용해 고분자를 만들면 합성 고분자 또는 인공 고분자가 된다. 이때 만들어지는 것이 바로 플라스틱인데, 대개 '폴리(Poly)'라는 접두사를 합성되기 이전의 물질 이름에 붙인다. 그래서 에틸렌을 합성한 물질을 폴리에틸렌, 프로필렌을 합성한 물질을 폴리프로필렌, 염화비닐을 합성한 물질을 폴리염화비닐이라고 부른다.

합성 화학물질은 자연에 없거나 있어도 희귀한 물질을 흉내 내서 인공적으로 만든 것이다. 자연으로부터 충분히 얻을 수 없는 것을 아무 때나 합성할 수 있게 만드는 것, 이것이 신소재에 대한 인간의 욕망이다. 베이클랜드가 인류 역사상 최초로 합성 화학물질을 개발해 성공을 거두자, 1920년대에 폴리염화비닐, 1930년대에 폴리에틸렌 같은 고분자 재료가 상업용으로 생산되기 시작했다. '플라스틱'이란 용어가 일상생활에서 수시로 입에 오르내리게 된 것도 바로 이 무렵이다.[3] '플라스틱'이란 용어는 '쉽게 원하는 모양으로 만들 수 있다'는 의미의 그리스어 플라스티코스(plastikos)에서 유래되었다. 그만큼 다재다능한 재료라는 것인데, 여기에 반대할 사람은 없을 것이다.

당구공 재료로 만들어진 최초의 플라스틱

플라스틱이 없던 시대에 플라스틱이 있었으면 하는 바람은 어떻게 해서 생겼을까? 그것은 당구공의 원료인 상아를 대체할 물질을 찾으려는 열망에서 시작되었다.[2]

당구는 빅토리아 시대부터 귀족들이 선호하던 실내 스포츠였는데, 당구공의 재료가 다름 아닌 코끼리의 엄니인 상아였다. 그런데 남획으로 코끼리가 멸종 위기에 처하자, 당구공 제조회사가 대체물질을 찾으려고 상금을 내걸고 공모했던 것이다. 이때 대체제로 등장한 것이 셀룰로이드였다. 그렇지만 종종 자연발화하는 단점을 가지고 있어서 1920년대부터는 베이클라이트로 당구공을 만들기 시작했다. 나중에는 당구공뿐만 아니라 전화기 케이스, 파이프 등 금속이나 나무의 대체제로 쓰이면서 플라스틱 시대의 선두 주자가 되었다.

그럼 21세기에 들어선 지금은 얼마나 많은 종류의 플라스틱이 사용되고 있을까? 답은 '알 수 없다'다. 그것은 마치 '밀가루로 만든 음식의 종류는 몇 가지나 될까?'와 같은 질문이기 때문이다. 플라스틱은 얼마든지 변형과 응용이 가능한 재료다. 제조공정도 다양해서 풍선처럼 불거나, 틀에 넣고 찍거나, 쥐어짜서 만들 수 있다. 색상은 또 어떤가? 색소 첨가제를 넣어서 갖가지 색을 다 낼 수 있다. 게다가 똑같은 모양을 수백 수천 개 이상 정밀하게 찍어낼 수 있다. 그것도 싼 가격으로 대량 생산이 가능하다.

이처럼 플라스틱이 다재다능한 재료가 될 수 있었던 것은 웬만한 온도에 녹여서 틀에 붓고 모양을 만들 수 있기 때문이다. 페트병에 뜨거운 물을 부으면 병 모양이 늘어나면서 찌그러지는 것을 다들 경험했을 것이다. 페트가 열가소성 플라스틱이기 때문이다. 우리가 일상생활에서 만나는 열은 대개 100℃이하다. 막 끓인 찌개나 국이 이 정도의 온도가 된다. 이런 찌개를 푸는 국자라면 당연히 열경화성으로 만들어야 한다. 또 냄비받침, 젓가락, 컵, 밥공기 등 식기류도 마찬가지다. 하지만 차가운 음식이나 음료를 담는 용기는 이보다 훨씬 낮은 온도에서 사용하므로 열가소성 플라스틱으로 만든다. 사실 마트에 진열되어 있는 식품들은 거의 대부분 열가소성 플라스틱에 담겨 있거나 포장되어 있다. 그럼 우리가 일상생활에서 흔히 쓰는 플라스틱의 종류는 어떤 게 있을까? 기본적인 플라스틱의 종류는 오른쪽의 표처럼 7가지로 구분한다.

　종류별로 용도를 보면, 폴리염화비닐은 공업용이나 건축자재로 사용되고, 폴리염화비닐을 제외한 플라스틱은 대부분 음식물과 관련된 용도로 사용된다. 폴리염화비닐을 음식물 용기로 사용하면 안 되는 이유는 독성의 염소 성분이 들어 있기 때문이다. 폴리스티렌 또한 주의해야 할 플라스틱이다. '스티렌'이라는 발암 가능 물질을 함유하고 있는데다 가소제로 들어간 비스페놀A가 내분비장애를 일으킬 수 있기 때문이다. 예전에는 플라스틱 장난감 소재로 폴리염화비닐이나 폴리스티렌을 많이 썼는데, 규제가 시작되면서 ABS나 폴리프로필렌으로 바뀌었다. ABS는 아크릴로니트릴, 부타디엔, 스타이렌이란 세 가지 성분으로 이뤄진 플라스틱으로, 레고의 소재로 유명하다. 그러나 해로운 성분이 있다는 것이 알려지고 나서도 여전히 폴리염화비닐이나 폴리스티렌이 음식물 포장재로 많이 쓰이고 있다. 폴리염화비닐 랩은 상온에서 보관하는 햄이나 소시지 또는 축·수산물품의 경우 흔히 사용된다. 일회용 컵이나 도시락 형태로 만든 발포 폴리스티렌(스티로폼)에 음식물을 담아 파는 것도 흔하게 볼 수 있다. 문제는 평상시 온도 조건에서는 안정적이지만, 뜨거운 물을 붓는다든지 여러 번 쓴다든지 전자레인지에 넣고 가열한다든지 할 경우 유해한 성분이 녹아나올 가능성이 높아진다. 그뿐만 아니라 용기에서 나올 미세플라스틱도 문제의 소지가 있다. 이

생활에 자주 사용되는 플라스틱의 종류와 용도

기호	명칭	특징	용도
1 PETE	페트(PET)	투명하고 가볍다. 가장 많이 재활용되며 독성에 매우 안전하다. 재사용 시 박테리아가 번식할 가능성이 높다.	생수병, 이온음료병
2 HDPE	고밀도 폴리에틸렌(HDPE)	화학성분을 배출하지 않고 독성에 매우 안전하다. 전자레인지에 쓸 수 있다.	세제용기, 훌라후프, 수도관
3 V	폴리염화비닐(PVC)	평소에는 안정적이지만 열에 약해 소각 시 독성가스와 환경호르몬, 다이옥신을 방출한다.	인조가죽, 포장재, 파이프, 고무대야
4 LDPE	저밀도 폴리에틸렌(LDPE)	고밀도보다 덜 단단하고 투명하다. 재활용되지 않는다.	비닐봉지, 완충재
5 PP	폴리프로필렌(PP)	플라스틱 중 가장 가볍고 내구성도 강하다. 고온에도 변형되거나 환경호르몬을 배출하지 않는다.	밀폐용기, 도시락 용기
6 PS	폴리스티렌(PS)	성형이 쉬우나 열에 약해 환경호르몬, 발암물질을 배출한다.	일회용 컵, 컵라면 용기
7 OTHER	기타(폴리카보네이트 등)	폴리카보네이트는 가공이 쉽고 내충격성이 우수하나 환경호르몬을 배출한다.	물통, 건축 외장재

런 종류의 포장재들은 재활용도 어려워서 마지막에는 태우거나 매립할 수밖에 없다.

이쯤 되면 여러분은 이런 의문이 생길 것이다. 그렇다면 플라스틱은 좋은 점보다 나쁜 점이 더 많은 재료가 아닐까? 물론 플라스틱이 삶의 질을 향상시켜온 것은 사실이다. 앞에서 설명한 것처럼, 플라스틱은 자연계의 금속이나 나무의 좋은 점만을 지녔으면 하는 바람이 담긴 인공 고분자 재료다. 플라스틱은 인간에게 이로움만 줄 것이라는 기대를 안고 태어났다. 본격적으로 우리 생활 속으로 들어오기 시작한 것이 1950년대 이후부터니까 이제 70여 년에 불과한 짧은 역사를 가지고 있다. 이 기간 동안 건축물의 단열재로 만들어지거나, 자동차나 비행기의 무게를 줄일 수 있도록 내장재로 쓰이거나 함으로써 성능을 높이고 자연자원을 아끼는 역할을 했다. 한편으로는 음식물을 상하지 않게 보존할 수 있게 해준 것도 플라스틱의 긍정적인 기능이었다. 이러다 보니 오늘날 급격하게 늘어난 것이 바로 일회용과 포장용 플라스틱 제품들이다. 하지만 그에 비례해 쓰레기도 늘어났다. 이렇게 생긴 플라스틱 쓰레기를 처음에는 태우거나 매립함으로써 해결하려고 했다. 그런데 인구가 증가하고 산업이 성장하면서 일회용을 많이 사용하는 방식의 소비가 늘다 보니, 각 나라마다 플라스틱 쓰레기 처리 문제로 골머리를 앓게 되었다. 오늘날 환경문제는 바로 여기서 생긴다. 땅은 플라스틱 쓰레기로 오염되고 있고, 독성물질은 자연 속에 쌓이고 있으며, 바다에는 미세플라스틱이 떠다니고 있다. 플라스틱의 보복이 시작된 것이다.

합성 화학물질의 위험성

제2차 세계대전이 끝난 후 복구에 힘쓰던 각 나라들은 농업 생산량을 늘리기 위해 다양한 합성 화학물질을 논과 밭에 살포했다. 이 과정에서 합성 화학물질이 땅과 하천과 공기 중으로 유입되었다. 합성 화학물질 중에는 제초제, 살충제, 살균제, 가소제, 폴리스티렌(PS), 폴리염화비페닐(PCB), 다이옥신 및 알킬페놀 화합물 등이 있었다.

이렇게 대량 살포하면서도 그 피해를 모르고 있다가, 이 물질들이 오랫동안 자연에 남는다는 사실을 알게 된 것은 1990년대 이후부터다. 합성 화학물질로 오염된 환경에 서식하고 있던 어류, 조류, 파충류, 포유류 모두 생식기능에 문제를 겪고 있음을 과학자들이 발견한 것이다. 그 후로 합성 화학물질이 인간의 생식기능에도 심각한 부작용을 일으킬 수 있는 가능성에 집중하게 되었다.

이렇게 자연적으로 분해되지 않고 먹이사슬을 통해 동식물의 체내에 축적되어 손상을 일으키는 유해 물질을 '잔류성유기오염물질(POPs)'이라고 한다. POPs는 최소한 수년 동안 토양, 물, 공기를 통해 환경 전반에 널리 잔류한다. POPs와 같은 유해 물질은 인간이나 동물의 지방조직에 축적되는데, 인간의 몸속에 더 많이 축적될 수가 있다.[4] 이런 잔류 물질은 인간과 야생동물 모두에게 유독하며, 특히 무서운 점은 산모 체내에 축적된 POPs가 태아의 몸으로 전이된다는 사실이다.[5] 잔류하고 있는 물질들이 다양해지고 양이 많아질수록 사람과 야생동물에게 더 치명적이라는 사례도 보고된 바 있다.[6] 플라스틱에 들어 있는 POPs는 미세플라스틱 형태로 생명체의 몸속에 들어가면 서서히 녹으면서 건강을 해칠 수 있다. 음식물 포장에 쓰이는 플라스틱의 경우 뜨거운 온도에 노출되는 동안 녹아서 배출될 수 있다. 또 이러한 물질의 위험성을 모르는 노동자들이 플라스틱을 함부로 녹이거나 만들거나 할 경우 유해물질에 노출될 수 있다.

화석원료에서 온 플라스틱, 태우면 잘 탈까?

플라스틱의 원료인 나프타는 원유나 셰일가스(shale gas, 셰일층에 매장되어 있는 천연가스)에서 얻는다. 즉 플라스틱은 석유나 휘발유처럼 탄소와 수소가 결합된 화합물이다. 그래서 잘 타지 않을까 하고 생각할 수도 있다. 그러나 탄화수소 계열이라도 분자구조에 따라 물질의 성질이 달라진다.

탄화수소화합물인 양초와 플라스틱을 비교해보자. 양초의 원료인 파라핀 분자는 탄소와 수소가 한데 모인 것에 불과하지만, 이 분자가 사슬처럼 연결되면 플라스틱이 된다. 에틸렌이라는 분자가 1만 개 이상 사슬처럼 줄줄이 엮어 서로 교차하거나 그물처럼 얽혀 폴리에틸렌을 만드는 것이다. 이런 사슬 구조를 어떻게 만드느냐에 따라 플라스틱의 성질이 달라진다. 이를테면 사슬들이 얽히는 방식을 조정해 열에 잘 견디는 플라스틱을 만들 수 있는데, 이처럼 분자 구성에 따라 플라스틱은 불에 타는 정도가 달라진다.

우리가 많이 쓰는 비닐봉지는 폴리에틸렌(PE)으로 만들어진다. 폴리에틸렌은 분자 사슬이 단순해서 열에 잘 변형되고 불에도 잘 탄다. 폴리프로필렌(PP)도 마찬가지다. 그런데 폴리염화비닐(PVC)은 불이 잘 붙지도 않고 억지로 태워도 간신히 붙다가 바로 꺼져버린다. 폴리스티렌(PS)은 탈 때 불꽃이 커지면서 검은 그을음이 마구 뿜어져 나온다. 폴리염화비닐과 폴리스티렌은 타면서 발암물질과 환경호르몬을 분출한다. 폴리염화비닐에는 염소 성분이, 폴리스티렌에는 스티렌이라는 독성물질이 들어 있기 때문에 함부로 태울 경우 다이옥신이나 퓨란(furan)이라는 발암물질이 나올 수 있다.

플라스틱을 재활용이나 재순환을 하지 못하고 소각할 경우, 그중에 걸러지지 않은 폴리염화비닐이나 폴리스티렌이 함께 태워진다. 그럼에도 플라스틱을 태워야 할 때가 있다. 비닐 쓰레기를 재활용하는 방식 중 하나가 발전소에서 태우는 것이다. 쓰레기를 줄이면서도 플라스틱이 탈 때 발생하는 열에너지를 유용하게 쓸 수 있다는 논리 때문이다. 하지만 태우는 과정에서 발생한 유독한 오염물질은 피할 수 없다. 오염물질은 대기 중으로 퍼져 땅이나 강물에 내려앉아 농산물과 지하수를 오염시키고 그 피해는 결국 사람에게 돌아온다.

플라스틱은 가급적이면 태우지 않고 원료로써 재순환하는 것이 좋다. 그러려면 지금처럼 일회용품이나 포장재로 플라스틱을 마구 쓰고 버릴 게 아니라 꼭 필요한 용도로 오래 쓸 수 있는 제품에만 쓰여야 한다. 지금은 너무나도 많은 플라스틱 쓰레기가 나오다 보니 일일이 재활용하기 힘들고, 매립하자니 썩지도 않기 때문에 결국 태울 수밖에 없다. 플라스틱을 태워 발생한 오염은 결국 사람에게 돌아온다는 것을 잊어선 안 된다.

플라스틱의 종류에 따른 연소

플라스틱의 종류	용도	제품	연소 상태	불꽃의 특징과 유해 물질 여부
고밀도 폴리에틸렌(HDPE)	페트병 뚜껑, 수도관, 세제 용기			불꽃이 작게 일며 파란색을 띠면서 탄다.
폴리염화비닐(PVC)	종이 커버, 포장용 비닐, 전선 피복, 하수도관			불이 거의 붙지 않고 강력한 발암물질과 환경호르몬이 나온다.
폴리프로필렌(PP)	두부 용기, 각종 음식물 용기, 빨대, 일회용 마스크			큰 불꽃이 생기며 탄다.
폴리스티렌(PS) 발포폴리스티렌(EPS)	요구르트 용기, 일회용 쟁반, 도시락, 일회용 수저			불이 붙지만 그을음이 많이 나오며, 고약한 냄새와 함께 독성 물질을 뿜는다.

플라스틱의
두 얼굴

플라스틱 제품은 어떻게 만들어질까

  제품을 만드는 기업의 입장에서 보면 플라스틱은 입맛에 맞는 재료다. 원료 가격이 다른 재료보다 월등히 싸기 때문에 제품 단가를 낮출 수 있을뿐더러 한 번에 많은 양을 만들 수 있기 때문이다. 또 금형으로 찍거나 불거나 밀어내서 원하는 모양으로 뚝딱 만들 수 있다. 얼마나 빠르게 플라스틱 제품을 만들어내는지 제조 과정을 들여다보자.

비닐봉지
비닐봉지를 만드는 공정은 크게 두 단계로 나뉜다.

먼저 원료가 되는 '펠릿'(Pellet, 플라스틱 알갱이)을 뜨겁게 가열된 공급기를 거쳐서 금형(금속으로 만든 거푸집)으로 밀어 넣는다. 금형 위로 밀려 올라온 녹은 수지에 바람을 불어 원통 모양으로 부풀린다. 중간에 부푼 원기둥의 지름을 일정하게 유지해주면 필름의 두께가 결정된다. 풍선처럼 더 크게 부풀려진 원통기둥의 위쪽 끝을 2개의 롤러 사이로 통과시킨다. 롤러 사이를 통과한 원기둥 비닐은 합쳐져서 이중필름이 되어 다음 롤러로 보내진다. 다음 롤러에서는 이중필름을 팽팽하게 롤로 감는다. 바로 이것이 이중필름 원단이 된다.

비닐봉지를 만드는 공정은 필름 원단 롤을 푸는 것에서 시작된다. 여러 단계의 롤러를 거치면서 팽팽하게 풀린 비닐 필름 원단은, 마지막 단계에서 열선과 칼날이 달린 프레스가 일정한 간격으로 찍어준다. 그러면 이중필름의 한쪽이 봉인되면서 비닐봉지의 밑부분이 되고, 이어서 올라오는 쪽은 입구가 된다.

봉인된 봉지는 차곡차곡 밀려서 평평한 테이블 위에 쌓이게 된다. 비닐봉지들이 일정 수량으로 모여지면 작업자가 100매 또는 200매씩 묶음 처리를 한다.

이때 비닐봉지 한 장이 만들어지는 시간은 얼마일까? 기계의 자동화 정도에 따라 다르긴 하겠지만, 재래식 기계는 초당 2장, 최신 기계는 초당 3장~6장을 찍어낸다.

자동화된 생산 라인에서 만들어지는 비닐봉지

일회용 페트병

이번에는 일회용 페트병의 제조 과정을 살펴보자.

공장에는 여러 대의 사출기계(실린더 속에서 가열해 녹인 플라스틱 원료를 노즐을 통해 거푸집 속에 밀어 넣은 후, 냉각하여 고체의 물건을 만드는 기계)가 있다. 대형 사출기계는 컴퓨터로 제어되는 최신 모델이다. 흔히 말하는 CNC 사출기계인데 완벽히 프로그램 되어 작동된다. 소형 사출기계는 한 번에 2개씩 페트병을 만든다.

소형 사출기계로 페트병을 만들려면 작업자가 금형 입구에 프리폼(preform, 플라스틱 원료를 녹여서 시험관 모양으로 만든 것) 2개를 넣고 금형을 닫아 고정해야 한다. 프리폼의 윗부분은 페트병의 입구 부분을 완성하는데, 아랫부분은 아직 부풀지 않은 상태의 반제품이다. 부풀리는 공기의 통로인 스트레치 로드를 프리폼 입구에 꽂은 후 공기를 주입하면 가열된 프리폼이 부풀면서 금형의 모양대로 페트병이 성형된다. 이런 제작 방법을 '사출 블로우 몰딩'이라고 한다. 반면에 대형 사출기계는 완전 자동 사출 방식으로 한 번에 여러 개를 순식간에 성형한다. 이 경우 시간당 2,000개에서 1만 2,000개의 페트병을 만들 수 있다. 병 한 개를 성형하는 데 대략 0.3초에서 2초밖에 안 걸린다는 이야기다. 그야말로 눈 깜빡할 사이에 셀 수 없을 만큼 페트병이 만들어진 후 시장에 공급되는 것이다.

이렇게 기계로 찍어낸 제품들의 수명은 만들어질 때 걸렸던 시간에 정확히 비례한다. 만드는 데 걸린 시간이 길수록 오래 쓰고 짧을 수록 쉽게 버려진다. 이것은 나름 근거 있는 이야기다. 제조 방법이 얼마나 복잡한가, 에너지를 얼마나 쓰는가, 특수한 기술이 얼마나 들어가는가에 따라서 제조 비용이 결정된다. 즉 제조 비용이 올라갈수록 상품 가격을 비싸게 책정하게 되고, 부가가치도 덩달아 높아진다. 반대로 제작 기술이 간단하고 단순한 공정을 거쳐 쉽게 만들어진 제품은 그만큼 부가가치가 적으니 단기간 사용되는 제품으로 쓰일 수밖에 없다. 부가가치가 높은 제품이란 성능이 좋고 기능이 다양하며 세련된 디자인의 제품이다. 이런 제품은 당연히 오래 사용되는 물건이 된다.

반면에 제품을 보호하기 위한 포장재나 일회용 제품의 부가가치는 당연히 낮을 수밖에 없다. 그러다 보니 물건 하나를 구입해도 포장재에 칭칭 감겨서 온다. 일회용 컵이나 빨대는 돈을 주고 사는 게 이상할 정도다. 이렇게 저절로 얻어지거나 아주 싼 돈으로 살 수 있는 제품들은 한 번 쓰고 버려도 조금도 아깝지 않다. 재활용하려고 해도 금방 또 생기니 보관할 필요 없이 쓰레기 봉지에 담아 버리게 된다. 이러다 보니 짧은 기간에 쓰였다가 쉽게 버려지는 포장재나 일회용 플라스틱들이 환경오염의 주범이 되어버렸다. 이 이야기를 할 때마다 마음이 우울해지지만, 그래도 플라스틱을 사용하려면 반드시 알아야 하는 문제다.

아무도 말하지 않는 플라스틱의 진실

바다에 버려지는 플라스틱이 단지 분해되지 않는 쓰레기여서 문제가 되는 것일까? 바람에 날려 거리를 더럽히는 쓰레기여서 반갑지 않다는 것일까? 아니다. 플라스틱에는 그보다 더 근본적인 문제가 있다. 그것도 아무도 가르쳐주지 않는, 안전을 위협하는 것들이다. 인간의 감각으로 금방 눈치챌 수 있는 것들은 더더욱 아니며, 시간을 끌면서 서서히 실체를 드러내는 문제들이다. 특히 인간을 비롯해 생명체에게 영향을 주고, 그 영향이 다음 세대까지 이어진다는 데 문제의 심각성이 있다.

부메랑으로 돌아온 독성물질

앞에서도 언급했듯이, 플라스틱의 원료는 땅속의 탄화수소 화합물인 화석자원으로부터 온다. 수십억 년 전 고대 생물들이 땅속이나 호수 속에 갇혀 있다가 분해되면서 지금의 화석자원이 되었다. 이러한 분해는 지극히 자연적인 것이지만 인류에게 매우 귀한 자원을 남겼다. 이것을 '재생 불가능 자원'이라고 부른다. 화석자원은 인류에게 많은 서비스를 제공해왔다. 대표적인 것이 에너지원으로 쓰이는 석유와 석탄 그리고 천연가스다. 플라스틱의 원료가 되는 나프타(Naphtha) 또한 화석자원에서 왔다. 나프타로부터 에틸렌을 뽑아

내고 이를 반응시켜서 폴리에틸렌을 만든다. 폴리에틸렌은 우리 생활 속에서 가장 많이 쓰고 있는 플라스틱이다. 폴리에틸렌 다음으로 많이 쓰이는 플라스틱은 폴리프로필렌이고, 그다음이 폴리염화

plastic plastic plastic plastic plastic plastic plastic plastic

플라스틱 제품에 들어간 첨가제는 무엇일까?

플라스틱 제품을 제조할 때 고분자 원료만 쓰는 것이 아니라 여러 종류의 첨가제도 넣어 혼합한다. 첨가제의 종류에는 유동성을 증가시켜 플라스틱의 가공성을 향상시키는 가공보조제, 플라스틱을 부드럽고 유연하게 만드는 가소제, 강도를 보강하는 강화제, 햇빛에 노출될 때 화학적으로 분해되거나 산화되는 것을 방지하는 광안정제와 내산화제가 있다. 또 TV 등 가전제품을 장시간 가동할 때 온도가 올라가 불이 나지 않도록 하는 난연제와 정전기 발생을 막는 방지제도 있다. 스티로폼처럼 공기가 들어간 구조를 만들 때는 발포제를 넣기도 한다. 다양한 색깔을 내기 위해 색소(염료)를 넣는 것도 필수적인 일이다. 또 코로나 바이러스 등 균이 번식하지 못하게 항균제를 넣기도 한다. 이렇게 가공 공정에 도움을 주고 재질적 안정과 기능 개선을 위해 원료와 함께 투입하는 것이 바로 첨가제다. 첨가제의 종류는 다 합치면 20여 종이나 되는데, 가장 많이 쓰이는 것이 가소제다. 사실 플라스틱 원료를 만드는 공장보다 첨가제를 만드는 회사가 돈을 더 많이 번다. 왜냐하면 첨가제 없이는 플라스틱 제품을 생산하지 못하기 때문이다. 플라스틱은 첨가제를 넣음으로써 고성능·고기능을 지니게 된다. 특히 플라스틱으로 생긴 환경오염이 중요한 이슈가 되면서 생분해성이라든가 친환경성 첨가제의 개발이 크게 주목받고 있다.

비닐이다. 그 외에 스티로폼을 만들 수 있는 폴리스티렌도 많이 쓰인다.

플라스틱을 만들 때는 원료물질뿐만 아니라 첨가제도 넣는다. 여기에 들어가는 첨가제 중 일부는 독성물질이거나 독성물질을 포함하고 있다. 첨가제는 대부분 인공적으로 만들어진 합성 화학물질이다. 이것이 체내에 들어오면 건강을 해치는 물질이 되기도 하지만, 플라스틱의 재활용을 어렵게 만드는 원인이 되기도 한다. 결국 플라스틱을 잘 만들어 써보겠다고 넣은 첨가제로 말미암아 자연과 사람이 정작 피해를 입게 되고, 플라스틱이란 물질을 기피해야 할 대상으로 만들어버렸다. 인간으로서는 전혀 예상치 못한 부메랑 효과이자 역설인 셈이다.

플라스틱 원료에 독성이 있는 경우

폴리스티렌(PS): 폴리스티렌의 원료인 스티렌 단량체(styrene monomer)는 상온에서 무색의 액체 기름이다. 가열하면 쉽게 휘발하는 휘발성유기화합물(VOC)의 하나인데, 접촉이나 흡입을 금하는 발암 가능 물질로 분류되어 있다. 폴리스티렌은 필름 형태로 물건을 포장하거나, 스티로폼으로 제조되어 일회용 도시락과 컵, 쟁반 등으로 쓰인다. 하지만 가급적 음식물 용기로 사용하지 말아야 하고, 특히 전자레인지에 넣고 가열하면 안 된다. 도배지나 바닥재 등 건축자재로 사용된 경우 그 증기를 흡입하게 되면 환경호르몬이 인체에 피해를 줄 수 있다. 규제되기 이전에는 장난감도 폴리스티렌으로 제작되었다. 컴퓨터 모니터의 케이스, 라디오 케이스 같은 가전제품의 겉면도 폴리스티렌으로 만들어진다. 폴리스티렌은 소각할 때 잘 타지 않으며 여러 가지 환경오염 물질을 배출한다.

폴리염화비닐(PVC) : 폴리염화비닐은 생활 속에서 널리 쓰이는 플라스틱 가운데 하나다. 경질 폴리염화비닐은 하수도 파이프 같은 건축자재에 널리 쓰이고, 연질 폴리염화비닐은 유연해서 고무대야, 비닐 랩, 호스, 비닐커튼, 바닥 장판 등에 쓰인다. 평상시에는 독성이 없고 화학적으로 안정하여 화학약품 같은 액체를 담는 용기로 자주 사용된다. 의료용 호스나 주머니도 폴리염화비닐로 만든다.

하지만 연질 폴리염화비닐에 첨가되는 가소제인 프탈레이트에서 환경호르몬이 발생하기 때문에 식품이나 피부에 직접 닿는 것은 피해야 한다. 특히 소각할 때 다이옥신이라는 치명적인 발암물질과 환경호르몬이 대량으로 발생하므로 반드시 분리수거를 해야 한다.

폴리염화비닐은 재활용하기 힘든 플라스틱이다. 잘 녹거나 타지도 않지만, 녹이더라도 다시 고분자화 할 때 분자구조를 원래의 구조로 만들기 힘들다. 그래서 따로 분리해서 처리해야 한다. 사실 폴리염화비닐은 질 나쁜 플라스틱이어서 만들 때나 사용할 때뿐만 아니라 폐기할 때조차 환경오염 물질을 많이 만들어낸다.

첨가제로 독성을 갖는 경우

• 전기용품의 케이스로 많이 쓰는 **폴리스티렌**에는 브롬계 난연제가 첨가되어 있다. 이것은 발암물질이며 기형아 출산을 일으키는 독성을 가지고 있다. 따라서 폴리스티렌을 태워서도 안 되지만, 전자레인지에 넣고 가열하는 것도 좋지 않다.

• **폴리카보네이트**(polycarbonate)에는 비스페놀A(BPA)나 비스페놀S(BPS)가 들어 있는데, 내분비계를 교란시키는 물질이므로 주의해야 한다. 연구에 따르면 심장박동을 늦추거나 불규칙하게 하는 등 심장기능에 직접적 영향을 준다고 한다. 유아들이 노출되었을 경우 심장 발달에 장애를 일으킬 수 있다.

• **플라스틱**을 태우면 그을음과 함께 휘발성유기화합물과 중금속, 발암물질인 퓨란 및 다이옥신이 배출될 수 있다. 이런 성분들이 사람의 몸속으로 유입될 경우 빠져나가지 않고 축적된다. 폴리에틸렌의 경우 태우게 되면 휘발성유기화합물이 생기는데, 그중 벤젠은 발암물질로 알려져 있다.

• 가소제로 쓰이는 **프탈레이트**는 환경호르몬을 유발하는 첨가제다. 그래서 1999년부터 유럽연합 등 많은 나라에서 금지하거나 제한하고 있다. 또 브롬(Brom) 성분이 늘어간 난연제도 금지하고 있지만, 금지 이전에 만들어진 제품이나 해외제품이 있어 이를 무분별하게 소각하면 오염물질이 나올 수 있다.

• 생수병으로 많이 쓰는 **페트**에는 프탈레이트가 들어 있지 않다. 그래서 가장 안심하고 음식물을 담을 수 있는 플라스틱이다. 하지만 열과 햇빛에 오래 노출될 경우 제조 과정 중에 포함된 안티몬(An-timon)이 녹아 나올 수 있다. 비록 기준치에 훨씬 못 미치는 아주 작은 양이지만 달가워할 일이 아니다. 페트병을 사용할 때는 여러 번 쓰는 것을 삼가야 한다.

• 가장 많이 사용되는 **고밀도 폴리에틸렌**(HDPE)과 **저밀도 폴리에틸렌**(LDPE)은 비스페놀A가 첨가되지 않은 안전한 플라스틱으로 알려져 있다. 그렇지만 해로운 가소제가 함유되지 않더라도 햇빛에 노출되거나 전자레인지에 넣고 가열할 경우 화학물질이 유출될 수 있다는 연구 결과가 있다. [1] 따라서 어떤 플라스틱 제품이든지 완벽하게 안전한 것은 없음을 알아야 한다.

지금까지 플라스틱에 들어 있는 독성물질에 대해 알아보았다. 이 사실들은 그동안 알려졌거나 새롭게 밝혀진 결과들이다. 아직도 모르고 있거나 수면으로 드러나지 않은 나쁜 영향들이 있을 가능성은 얼마든지 있다.

그토록 쉽게 쓰고 버렸던 플라스틱은 왜 이렇게 문제가 많은 것일까? 그 이유는 바로 인간이 화학적으로 합성해 만든 물질이기 때문이다. 자연의 고분자를 흉내 낸 물질은 완벽할 수 없다. 게다가 인간에게 필요한 특성만을 갖도록 만들었기 때문에 더더욱 자연의 흐름을 역행한다. 이런 이유로 플라스틱은 인간에게 고약한 존재일 수밖에 없다.

어느 누구도 알려주지 않는다

슈퍼마켓이나 대형 마트에 가면 수많은 상품들이 진열되어 있는 매대를 보게 된다. 매대 사이의 좁을 통로를 다니다 보면 같은 기능이라도 모양이 다르거나 크기가 다른 제품들, 화려한 광고 문구가 새겨진 제품들, 재고품을 처분하는 행사상품에 눈이 가게 된다. 그리고 순간적으로 그 상품을 장바구니에 넣게 된다.

아무리 다양한 제품들이라 하더라도 여기에는 한 가지 공통점이 있다. 바로 포장방법이다. 어느 제품이든 대부분 플라스틱으로 포장되어 있다. 종이봉투나 나무상자에 포장되어 있어도 속을 열어보면 반드시 플라스틱이 들어가 있다. 그중에서 특히 비닐이 제일 많이 쓰인다. 그래서 음식물의 경우 필수사항이라도 되는 듯 비닐로 속 포장을 한다.

이렇게 비닐로 포장하는 것은 두 가지 이유 때문이다. 대부분의 상품들은 먼 지역에서 이송되어 온다. 가까운 지역에서 생산된 것은 많지 않다. 상품이 이동하는 거리가 늘어날수록 운송할 때 상품이 훼손되거나 상할 확률이 높아지는데, 플라스틱 포장재를 사용하면 상품이 다치는 것을 막고 유통기한을 늘리는 데 큰 도움이 된다. 이것이 플라스틱 포장재가 많이 쓰이는 첫 번째 이유다.

두 번째 이유는 플라스틱 포장재의 겉면에 제품에 대한 정보와 광고 문구를 덧붙일 수 있기 때문이다. 그런데 여기서 눈여겨봐야 할 문제는 정작 포장재로 쓰인 플라스틱에 대한 주의사항은 어디에도 볼 수 없다는 점이다. 단지 어떤 플라스틱으로 만들어졌는지 알려주는 재활용 기호만 한쪽 구석에 적혀 있다. 예를 들면 플라스틱 제품의 몸통은 페트, 뚜껑은 고밀도 폴리에틸렌, 라벨은 폴리프로필렌을 원료로 만들었다는 정도만 알려줄 뿐이다. 간혹 어떤 생수병에는 플라스틱 용기에 열을 가했을 때 변형이 생길 수 있다는 정도의 경고가 붙어 있지만, 대부분의 제품에는 용기 안에 있는 내용물에 관한 설명만 충실하게 적혀 있을 뿐 내용물을 포장한 플라스틱 용기에 관한 설명은 찾아보기 힘든 게 사실이다.

플라스틱으로 식품을 포장했을 때는 최소한 포장재에 대한 주의사항 정도는 표기되어야 한다. 왜냐하면 포장재로 만드는 과정에서 첨가제라는 화학물질이 들어갈 수 있기 때문이다. 그런 첨가제 중에는 환경호르몬이나 독성의 유해 물질을 포함한 것이 있을 수 있다. 따라서 포장재 안의 내용물이 있을 때와 없을 때의 사용법, 사용 후 버리는 방법 등에 대한 자세한 정보를 제공하는 것은 매우 필요하다.

재활용을 가로막는 걸림돌

아마도 여러분은 눈 깜짝할 사이에 쌓여 가는 플라스틱 쓰레기를 어떻게 해야 할지 고민해본 적이 있을 것이다. 특히 요즘처럼 외출이 어려워 배달 서비스를 많이 사용하는 시기에는 집 한구석이 포장재에서 나온 각종 재활용품으로 순식간에 가득 찬다. 플라스틱 소비를 줄이려고 장바구니와 텀블러, 손수건을 늘 가지고 다니는 사람들조차도 상품과 함께 딸려오는 포장재는 어찌할 수가 없다.

지금 대도시의 상품 유통시스템은 포장재 없는 상거래를 용납하지 않는다. 이러한 환경에서는 소비를 줄이지 않는 한 플라스틱을 줄이기가 매우 어렵다. 따라서 최대한 플라스틱을 안 써도 되는 방식을 찾아 정착시키는 게 매우 시급한 과제다.

이제는 쓰레기가 생기지 않도록 줄이고 재활용을 활성화해야 한다. 재활용 체계는 '거부하기, 줄이기, 다시 쓰기(재사용), 고쳐 쓰기, 새 용도로 쓰기(새활용), 다시 녹여 쓰기(재순환), 퇴비로 만들기'의 7단계로 구성된다. 처음의 '거부하기'만 잘해도 뒤로 갈수록 복잡해지는 플라스틱 재활용 과정을 거치지 않아도 된다.

하지만 재활용은 쉽지 않다. 플라스틱을 재활용하는 데 어떤 걸림돌이 있을까?

재활용이 어려운 이유

• 낮은 공정 온도

플라스틱에 열을 가하면 녹아서 흐른다. 완전히 액체가 되지는 않지만 녹기 때문에 일정한 모양으로 성형할 수가 있다. 그런데 생활 속에서 흔히 쓰이는 플라스틱 제품들은 녹는점이 대개 120℃에서 250℃ 사이다. 이 온도는 일반 가정의 주방에서 조리할 때 생기는 열기와 같다. 종이나 목재는 이 정도의 온도에서 녹거나 증발하지 않는다. 비닐에 붙은 이물질도 마찬가지다. 문제는 플라스틱에 묻어 있는 이물질이 플라스틱의 녹는점보다 높은 온도에서 녹는다는 것이다. 이것은 이물질을 먼저 태워 없애고 금속만 남기는 것과는 완전히 다른 문제다. 이런 이유 때문에 플라스틱을 이물질 없이 깨끗하게 세척한 후 똑같은 종류로 모아야만 재활용을 할 수 있게 된다.

• 구별의 어려움

플라스틱을 분류할 수 있게 도와주는 재활용 기호는 모두 7가지다. 주로 많이 쓰이는 생활 플라스틱을 1부터 7까지의 번호로 구분해서 쉽게 분류할 수 있게 한 것이다. 그런데 문제는 그런 식별기호가 없을 때다. 갖가지 플라스틱이 섞여 있을 경우 어떤 플라스틱인지 구분하기가 매우 어려워진다. 또 여러 종류의 플라스틱이 하나로 조립되어 있을 때는 분해하지 않고서는 알 수가 없다. 심지어 재활용 기호 표시가 없는 것도 있다. 그래서 100개의 페트병 중에 단한 개의 폴리프로필렌 병이 섞여 있어도 재활용하지 못하게 되는게 바로 플라스틱이다.

• 같은 비닐, 다른 재질

거의 모든 플라스틱은 투명하고 얇게 만들 수 있다. 그래서 페트, 폴리에틸렌, 폴리프로필렌, 폴리스티렌, 폴리염화비닐 등이 모두투명한 필름으로 만들어질 수 있다. 물론 감촉이나 유연함, 강도는다르다. 하지만 전문적인 지식이나 관심을 가지고 집중해서 찾지않으면 플라스틱의 재질을 구별하기가 어렵다. 바로 이 점이 재활용에 큰 걸림돌이 된다. 무게도 엇비슷하고 언제나 이물질로 오염되어 있는 데다가 투명한 필름 사이에 검은색 비닐봉지도 섞여 있기 때문이다. 재활용 업체에서는 언제든 쉽게 얻을 수 있는 것들을재활용하자고 일일이 분리해야 하는 게 짜증날 수 있다. 결국 이런비닐류는 거의 대부분 고형연료로 만들어서 태울 수밖에 없다. 그냥 땅에 묻는 것보다 낫다고 보기 때문이다.

• 첨가제의 영향

성형이 잘되도록 하기 위해 넣는 첨가제는 재활용하는 데 걸림돌이 된다. 첨가제는 플라스틱을 다시 녹여서 재활용하려고 할 때 분자결합을 약하게 만들어 본래의 강도가 나올 수 없도록 방해한다. 또 찍어서 만들 때와 밀어내서 만들 때 넣는 첨가제가 다르다 보니,

이들이 섞여 있는 플라스틱은 처음의 원료로 되돌리기가 어려워진다. 예를 들면, 똑같이 투명한 페트라고 해도 불어서 만든 페트병과 찍어서 만든 사각용기에 들어간 첨가제는 종류가 다르다. 이럴 경우 서로 섞이면 재순환이 어려워진다. 노끈이나 포장용 밴드도 비록 재질이 폴리프로필렌이라고 해도 같은 재질의 병뚜껑이나 음식물 용기와 섞이면 재활용되지 않는다. 같은 폴리에틸렌 제품이라해도 플라스틱 그릇과 비닐이 섞여도 재순환이 쉽지 않게 된다. 따라서 플라스틱 재활용품을 분리할 때에는 같은 재질의 제품들로 구분하되, 병이면 병, 뚜껑이면 같은 뚜껑, 비닐이면 비닐, 노끈이면 노끈으로 분류한 후 버려야 한다. 이때 반드시 깨끗하고 잘 마른 상태여야 한다.

첨가제는 재순환 공정 중에 해로운 물질을 대기로 뿜어내기도 한다. 녹여서 찍거나 불어내는 공정의 온도는 200~300℃에 이르는데, 이 과정에서 휘발성유기화합물이나 환경호르몬, 심지어 발암 가능 물질의 대기 중 농도가 높아진다는 연구 결과도 많다.[2] 이처럼 첨가제는 플라스틱을 무엇으로든지 편리하게 만들 수 있게 하지만, 사용하는 과정에서든 재순환하는 과정에서든 해로운 오염원이 된다.

• 다양한 색깔들

투명하거나 한 가지 색깔의 플라스틱만 있다면 재활용할 여지가 많아진다. 그런데 문제는 플라스틱 제품들이 너무나 다양한 색깔로 만들어진다는 점이다. 투명한 플라스틱은 투명한 것으로 재순환하거나 다른 색깔로 만들 수 있다. 반면에 색이 들어 있는 플라스틱은 투명한 것으로 만들 수 없다. 이럴 수밖에 없는 이유는, 플라스틱의 색소가 플라스틱 덩어리의 속부터 겉면의 색깔을 모두 바꾸기 때문이다. 표백제를 써서 하얗게 만들 수 있는 종이나 천의 색소와는 다르게, 이미 들어 있는 플라스틱의 색은 바꾸기가 쉽지 않다.

• 수거 체계의 문제

음식물 용기로 쓰였던 플라스틱을 다시 녹여서 음식물 용기로 재순환하는 일은 쉽지 않다.

버려진 생수병을 녹여서 다시 생수병으로 만들려면 페트병이 아주 깨끗해야 한다. 하지만 이렇게 깨끗한 플라스틱을 한 종류로 모으기가 쉽지 않기 때문에 재활용하기가 어려운 것이다. 더군다나 라벨과 접착제가 붙어 있고, 씻어내기 힘든 기름도 묻어 있으며, 뚜껑의 고리도 여전히 붙어 있다. 우리나라 법에서는 지금의 기술과 제도로는 안전을 보장할 수 없어서 재생 페트를 페트병 원료로 쓰는 것을 엄격하게 규제하고 있다.

만약 폐플라스틱을 녹여서 원래의 제품으로 만든다면 완벽히 순환하게 되는 셈이다. 이를 두고 '닫힌고리 순환'이라고 한다. 처음의 재료를 활용해서 원래의 제품으로 다시 만들기 때문에 이 과정에서 버려지거나 새로 넣어야 하는 재료가 없게 된다. 즉 한 종류의 물질이나 재료가 완벽하게 순환하는 것이다. 마치 자연에서 식물이 자라고 이것을 동물이 먹고 성장하면서 배설을 하면, 이 배설물을 영양분으로 취한 식물이 자라는 것과 같은 이치다. 원래 이것이 자연의 순환이었는데, 화학비료가 끼어들게 되면서 이 순환이 깨져버렸다. 수확량을 늘리기 위해 합성 화학비료를 많이 뿌리고, 쓰레기 또한 급속하게 많아지면서 자연적인 순환이 망가져버렸다.

플라스틱도 마찬가지다. 싸고 쉽게 대량으로 만들다 보니 일회용품과 포장재로 마구 쓰이고 있다. 하지만 플라스틱은 근본적으로 순환이 잘 안 되는 물질이다. 조금만 오염되어도 안 되고, 단 하나라도 다른 재질이 섞이면 재활용이 불가능하다. 이렇게 까다로운 플라스틱을 일회용으로 만들어 잠깐 쓰다 버리는 것은 인류가 저지르고 있는 큰 잘못이다. 대기와 땅속과 바다에 쌓여만 가는 플라스틱 쓰레기가 그걸 증명하고 있다. 지금의 과제는 물질의 순환 체계를 회복하는 일이다. 순환할 수 있는 디자인과 용도일 때만 플라스틱으로 제품을 만들 수 있게 해야 한다. 이 문제는 뒤에서 다시 다루려고 한다.

페트는 질 좋은 플라스틱이다. 만일 페트병을 깨끗하게 씻어서 말린 후 같은 재질끼리 모아서 버려도 순환의 가능성은 훨씬 높아진다. 유럽에서는 2030년까지 재생 페트 원료로 페트병을 만드는 비율을 55%까지 높일 수 있다고 내다보았다.[3] 페트병을 오염되지 않게 수거하는 체계를 갖추는 것이 페트병 순환에서 가장 중요하다고 말하는 보고서는 얼마든지 찾을 수 있다. 이런 수거 체계가 갖춰지면 재생 플라스틱으로 페트병을 만드는 것을 제한하는 규제 또한 완화될 수 있을 것이다.

플라스틱을 태워서는 안 되는 이유

어떤 고체 덩어리가 불에 타려면 먼저 불꽃에 닿아 있던 고체부분이 느슨해져야 한다. 느슨해진다는 것은 물질 속의 분자구조가 분해된다는 뜻이다. 즉 처음에는 딱딱한 고체였지만 점점 유연해지면서 녹거나 기체 같은 것으로 증발하면서 비로소 불이 붙게 된다. 그래서 나무토막에 불을 붙일 때 제일 두꺼운 부분보다 토막의 가장자리나 얇은 부분에 갖다 대는 게 훨씬 빨리 불붙는다. 플라스틱도 마찬가지다. 상온에서는 단단하게 뭉쳐 있지만, 불꽃이 닿으면 가장 먼저 뜨거워지는 부분부터 말랑말랑해진다. 온도가 더 올라가면서 액체로 녹는 부분이 생기기 시작한다. 그러면서 사슬처럼 얽혀 있던 분자들이 하나둘씩 빠져나오기 시작한다. 불꽃으로 말미암아 온도는 계속 오르고, 떨어져 나온 분자들이 원자들로 분해되면서 공기 중의 산소와 만난다. 이때가 바로 플라스틱에 불이 옮겨붙는 시점이다. 드디어 플라스틱이 스스로 타면서 불꽃이 점점 더 커지게 된다. 이제부터는 플라스틱의 분자 사슬로부터 분해되어 나온

탄소와 공기 중 산소가 만나 이산화탄소, 일산화탄소, 수증기, 심지어 타지 못한 탄소가 되어 공기 중으로 흩어진다. 질소산화물 같은 미세먼지도 대기로 날아 올라간다.

다이옥신은 무엇일까?

환경을 오염시키는 물질 중 가장 강력한 발암물질이자 환경호르몬으로 알려진 것이 다이옥신(Dioxin)이다. 다이옥신은 자연이 만들어내거나 사람이 고의로 만든 물질이 아니다. 연료나 쓰레기, 플라스틱 등이 탈 때 포함되어 있던 염소가 주변의 다른 성분과 결합하면서 생성되는 것으로 알려져 있다. 다이옥신을 전문 용어로 '방향족할로겐 화합물'이라고도 하는데, 한번 생성되면 스스로 분해되거나 녹지 않고 안정적으로 자연에 존재하게 된다. 주로 식물에 흡수되었다가 식물을 섭취한 인간이나 동물의 몸속에 축적된다. 그런데 몸속의 지방에 잘 녹기 때문에 몸 안에 들어온 다이옥신은 소변으로 배출되지 않고 지방조직에 쌓이게 된다.

다이옥신을 발생시킬 수 있는 환경이 만들어지는 이유는 살충제나 화학비료 등을 대량으로 살포하는 대규모 농업재배가 늘고 쓰레기 소각장과 플라스틱의 사용이 증가하기 때문이다. 이런 화학물질들이 열에 노출되면서 어느 조건이 되면 서로 결합해 생겨난다고 볼 수 있다. 다이옥신의 유해성 때문에 세계 여러 나라에서는 다이옥신에 대해 하루에 섭취할 수 있는 허용량을 정하고 있다. 그러나 무엇보다 중요한 것은 유기적인 방식의 농업생산, 채식 위주의 식단, 쓰레기 제로, 플라스틱 안 쓰기 등을 실천해야 다이옥신의 발생을 줄일 수 있다.

공기 중의 산소와 얼마나 잘 결합하는가에 따라 연소된 기체의 종류가 달라지는 것을 볼 수 있다. 즉 산소가 충분하면 이산화탄소, 부족하면 일산화탄소가 된다. 탄소가 잘 분리되지 않아도 다른 기체가 되거나 그을음이 되어 날아간다. 모닥불을 피워보면 연기와 그을음, 수증기 같은 것이 반드시 생기는 것처럼 뭔가가 완전연소 (산소의 공급이 충분한 상태에서 가연성 물질이 완전히 타는 일) 되도록 만드는 것은 말처럼 쉬운 일이 아니다. 더구나 플라스틱처럼 유기화합물인 데다 고분자인 경우 산소를 잘 받아들이지 못해 산소와의 결합이 쉽지 않다. 그나마 폴리에틸렌이나 폴리프로필렌의 경우 불꽃이 생기지만, 폴리염화비닐은 불이 붙는 듯하다가 금세 꺼져버린다. 염소가 들어 있어서 불이 붙어도 위험하다. 폴리스티렌은 불꽃이 간신히 붙지만 그을음이 심하며, '스티렌'이라는 발암 가능 물질이 들어 있어 유독가스를 내뿜는다.

그래서 이것들을 완전연소 처리를 하기 위해 고열의 에너지를 사용하기도 한다. 예를 들면 플라스마(plasma)를 일으켜서 수천 도의 온도로 태우거나, 산소가 부족하지 않게 공기를 불어넣기도 한다. 플라스틱 쓰레기를 태우려면 잘 건조시켜야 하고 여러 가지 방식을 써야 한다. 하지만 탈 때 유독가스가 나올 가능성이 그 어느 유기물보다 높다는 점을 알아둬야 한다.

바이오 플라스틱, 기대해도 될까

플라스틱이 썩지 않고 쌓이다 보니 갈수록 골칫거리가 되고 있다. 썩지 않는 이점 때문에 널리 쓰인 물질인데, 500년이 지나도 썩지 않을 듯하니 그야말로 큰 문제가 아닐 수 없다. 땅속에 묻힌 플라스틱이나 해저에 가라앉은 플라스틱들은 정말로 썩지 않고 영원히 있을지도 모를 일이다. 인구는 갈수록 늘고 플라스틱 사용량 또한 가파르게 늘다 보니, 플라스틱 쓰레기는 지구를 덮고 있는 환경오염 물질이 되어버렸다.

그래서 바이오 플라스틱이 썩는(또는 분해되는) 플라스틱의 대안으로 등장했다. 즉 식물에서 얻은 고분자로 만든 플라스틱이 나중에 퇴비처럼 분해될 수 있으리라고 기대한 것이다. 실제로 PLA(Poly Lactic Acid)라는 플라스틱은 식물에서 얻은 녹말에서 고분자 조직을 추출해 만든 것이다. 이것은 식물성 고분자이기 때문에 자연적으로 퇴비가 될 수 있다. 그런데 식물로 만들었는데도 분해되지 않는 것이 있다. 바로 사탕수수나 옥수수로부터 얻은 에탄올로 플라스틱의 원료를 만든 것이다. 이 원료로 만들어진 플라스틱은 석유로 만든 플라스틱과 동일한 합성 고분자여서 스스로 분해되지 않는다. 단지 화석원료로 만들지 않았다는 것에 의미를 둘 뿐이다. 그런데 식물원료로 만들지 않았고 퇴비화가 되지 않는데도 '분해성 플라스틱'이라고 부르는 것이 있다. 바로 자외선에 의해 잘 부서지도록 만든 광분해성 플라스틱이나, 산화되어서 쪼개지는 산화분해성 플라스틱이다. 이것은 퇴비화되는 게 아니라 미세플라스틱으로 빨리 변하도록 만든 것에 불과하다. 중요한 것은 미생물이 분해해서 퇴비화가 되어야만 진정한 바이오 플라스틱이라고 할 수 있다.

그렇다면 바이오 플라스틱은 인류에게 어떤 미래를 가져다줄 수 있을까? 그 장단점을 짚어보려고 한다.[4]

• 바이오 플라스틱의 원료가 되는 바이오매스(biomass, 태양 에너지를 받아 유기물을 합성하는 식물체와 이들을 식량으로 하는 동물, 미생물을 총칭하는 말)는 재생 가능한 원료로, 양이 많든 적든 지속적으로 생산할 수 있다.

• 처음에는 플라스틱의 원료로 쓰다가 나중에는 에너지원으로 쓸 수 있다. 즉 땔감으로 활용할 수가 있다.

• 석유를 원료로 하는 제품 생산 과정에서 발생하는 탄소발자국을 줄일 뿐만 아니라 온실가스 배출도 줄일 수 있다.

• 석유 플라스틱을 단계적으로 대체해 화석원료를 아낄 수 있다.

그러나 한편으로는 바이오 플라스틱이 대규모로 생산되고 활용될 경우 다음과 같은 점이 우려되기도 한다.[5]

• 생분해성 바이오 플라스틱을 매립했을 때 강력한 온실가스인

메탄가스가 발생하게 된다.

- 생분해성 플라스틱과 바이오 플라스틱이 한번에 분해되는 것도 아니고, 분해되더라도 작은 파편조각으로 남아 환경을 오랫동안 오염시킬 수 있다.

- 식량이 아닌 플라스틱의 생산을 위해 옥수수를 재배하는 농가가 많아질 수 있다. 동시에 비료나 농약의 사용량이 늘어난다면 더 문제가 될 수 있다.

- 생물성이면서 생분해성 플라스틱인 PLA는 유전자조작 옥수수로부터 얻어진다. 따라서 유전자조작이 더욱 활성화되어 생태계를 왜곡시킬 수 있다.

- 바이오 플라스틱이 나오면 플라스틱 문제가 한번에 해결될 것이라고 기대하고 있으나, 기존 플라스틱과 섞임으로써 재활용 체계를 혼란스럽게 할 수 있다. 더구나 생분해성 플라스틱은 재활용이 어렵다.

바이오 플라스틱이 과연 대안에 될 수 있을까에 대해 회의적인 시선들이 많다. 예상되는 문제점들이 많고, 드러나지 않은 기술적인 문제들이 있을지도 모른다. 따라서 바이오 플라스틱으로부터 해법을 기대하는 것은 옳지 않다고 본다. 종종 뉴스에서는 미세플라스틱을 먹어치우는 미생물이 곧 개발될 거라고 하고, 곤충의 장속에서 분비되는 효소가 플라스틱을 분해했다고 보도한다.[6] 그렇지만 플라스틱 문제를 미생물이나 곤충에게 맡겨야 하는가에 대해서는 생각해봐야 한다. 현대 기술이 낳은 플라스틱 문제를 해결하기 위해 다른 생명체를 이용해야 한다는 게 불편하기 짝이 없다. 이 발상 또한 지구를 플라스틱으로 오염시켜온 당사자로서 책임지는 자세가 아님은 분명하다.

플라스틱의 두 얼굴

이렇게 말하면 이상하게 들릴지 모르지만, 플라스틱의 얼굴은 2개다. 머리가 2개라도 달렸다는 건가 싶겠지만 아니다. 한쪽은 천사의 얼굴을, 다른 쪽은 악마의 얼굴을 가졌다는 것이 더 정확하겠다. 이것이 바로 플라스틱의 민낯이다. 100가지, 1,000가지로 변할 수 있는 플라스틱의 진짜 얼굴은 천사와 악마의 얼굴을 반반씩 가지고 있다. 앞에서도 언급했다시피, 플라스틱만이 가지고 있는 좋은 기능이 있다. 이것은 천사의 얼굴이다. 반대로 나쁜 영향을 가지고 있는 악마의 얼굴도 있다. 이것들을 알기 쉽게 표로 정리했으니 참고하길 바란다.

플라스틱의 좋은 점은 대부분 경제성과 편리성에 치우쳐져 있다. 좋은 점들만 보면 이만큼 쓰임새가 좋은 재료도 없다. 하지만 나쁜 점을 살펴보면 한결같이 환경과 생태계에 악영향을 미친다. 그것도 해결하기 어려울 것 같은 심각하고 거대한 오염문제들이다. 이것만 봐도 어느 쪽을 더 중요하게 여겨야 하는지 바로 느낄 것이다.

이렇게 답이 뻔히 보이는데도 왜 우리는 플라스틱 문제에 봉착한 것일까? 그것은 바로 제품을 만들어서 공급하는 기업의 입장이 우선시되었기 때문이다. 자본주의 시장경제에서 값싼 물건을 만드는 데 플라스틱만큼 유리한 게 없다 보니 너도 나도 플라스틱 제품을 만들었다. 그러다 보니 전 세계인이 값싸고 편리한 플라스틱 제

플라스틱의 양면성[7]

순기능	역기능
사용하기 편하다.	쓰레기 투기가 일어난다.
값이 싸다.	재생 불가능한 자원이다.
다양한 용도로 쓸 수 있다.	길게 보면 지속 가능하지 않다.
위생적인 포장재로 쓸 수 있다.	공기를 오염시킨다.
썩지 않고 오래간다.	산성비를 내리게 한다.
무게가 가볍다.	자원 고갈이 일어날 수 있다.
대부분 냄새가 나지 않는다.	미관을 해친다.
여러 번 사용할 수 있다.	기후 온난화를 초래한다.
유리에 비해 깨지지 않는다.	해양을 오염시킨다.
많은 산업이 플라스틱에 의존하고 있다.	토양을 오염시킨다.
플라스틱 생산공정은 최적화되어 있다.	생물종을 멸종시키거나 위험에 빠뜨린다.
플라스틱보다 더 나쁜 소재도 존재한다.	사람들의 건강을 위협한다.

품을 사용하게 된 것이다. 이러한 사실은 환경오염의 책임을 특정인이나 특정집단에 돌리지 않고 일반화시켜버리는 이상한 결과를 낳았다. 그리고 생산자나 소비자 누구도 환경오염의 책임을 물을 수 없는 상황을 만들어버렸다. 그렇다고 "플라스틱, 네가 잘못한 거야."라고 할 수는 없지 않은가.

인류는 역사를 통해 무엇을 잘못했는지를 알아차리고 반성해왔다. 전 세계는 제2차 세계대전을 종식시키기 위해 동원된 핵폭탄의 치명적인 위력과 부작용을 알고 난 후 핵무기 확산을 막으려고 노력했다. 또 살충제로 개발되어 농업분야에서 폭넓게 쓰였던 DDT의 독성을 알게 된 후 사용을 중단했다. 물론 그럼에도 핵무기를 보유하거나 DDT를 사용하려는 국가는 여전히 있다.

사람들은 이제야 플라스틱의 부작용을 알아차리기 시작했고, 플라스틱 문제를 해결해야 한다는 각성을 하고 있다. 편리하고 싸기 때문에 플라스틱을 선택하지만, 나중에는 환경을 심각하게 망가뜨리는 결과를 가져올 수밖에 없다. 플라스틱의 장점들이 단기적으로 유용한 것들인 반면, 단점들은 장기간에 걸쳐 인류의 미래를 암울하게 만들기 때문이다. 그만큼 플라스틱의 단점은 인류에게 파괴적이고 치명적이다. 결국, 플라스틱을 선택하지 않는 것이 미래를 위해 우리가 할 수 있는 현명한 행동이다.

플라스틱은 쓰는 데 5분, 썩는 데 500년

플라스틱은 생분해되지 않는 물질이다. 그렇다고 영원히 썩지 않는다고 단정하기도 어렵다. 어느 누구도 확인해본 적이 없기 때문이다. 그래도 언젠가는 분해될 수 있지 않을까? 과학자들은 이 질문에 답을 찾고자 정해진 규칙에 따라 실험을 했다.

실험 결과를 살펴보기 전에 우선 생분해란 무슨 뜻인지 알아보자. 생분해된다는 것은 어떤 물질이 땅속의 박테리아 같은 미생물들에 의해 소화되어 간단한 물질로 변화되는 것이다. 동물의 사체든 식물의 마른 잎이든 땅 위에서 혹은 땅속에서 수일 또는 수개월이 지나면 나중에는 형체를 알아볼 수 없게 분해되는데, 이 과정이 생분해(biodegradation)다. 이 작업은 '분해자'로 불리는 땅속의 곤충이나 지렁이, 박테리아, 효모균, 곰팡이 같은 미생물들이 담당한다. 이렇게 분해될 수 있는 것은 한때 생명체였던 유기물질이다. 분해자들이 열심히 분해 과정에 참여해준 덕분에 땅에는 생명체가 살 수 있는 영양분으로 다시 채워지게 된다.

식물은 생분해 덕분에 살아간다. 식물은 유기물로부터 바로 영양분을 섭취할 수 없다. 즉 동물의 사체에 있는 단백질을 직접 흡수할 수가 없는 것이다. 단백질은 매우 복잡한 고분자여서 식물 스스로 분해할 능력이 없다. 그래서 식물을 대신해 미생물이

유기체의 단백질이나 각종 고분자를 잘게 부수어서 단순한 물질로 바꿔놓는다. 특히 식물에 필요한 질산염 같은 영양분으로 분해해 놓으면, 비로소 식물이 뿌리로 흡수 하게 된다. 이 과정을 퇴비화(composting)라고 한다. 이때 이산화탄소, 메탄가스, 수증 기 등이 대기로 배출된다. 이렇게 영양분을 먹고 자란 식물이 열매를 맺으면 이를 다 시 동물이 먹고 성장한다. 자연생태계가 순환하는 원리인 것이다.

그럼 미생물이 플라스틱도 분해할 수 있을까? 미생물 호흡법을 활용해 생분해성 여

재료	분해되는 기간
채소류	5일~1개월
종이	2~5개월
면 티셔츠	6개월
오렌지 껍질	6개월
나뭇잎	1년
모직 양말	1~5년
플라스틱으로 코팅한 우유팩	5년
가죽신	25~40년
나일론 섬유	30~40년
음료수 캔	50~100년
알루미늄 캔	80~100년
유리병	100만 년
스티로폼 컵	최소 500년 혹은 그 이상
비닐봉지	최소 500년 혹은 그 이상

부를 알아볼 수 있다. 먼저, 플라스틱 조각을 미생물이 사는 흙과 퇴비로 채운 측정 컨테이너에 넣고, 컨테이너를 닫기 전에 내부의 이산화탄소량을 기록해둔다. 시간이 흘러 미생물이 플라스틱을 먹기 시작했다면, 컨테이너 안의 이산화탄소량이 변할 것이고, 이를 측정해 생분해성을 예측한다. 변화가 있다면 플라스틱이 모두 분해되는 데 걸릴 시간도 계산할 수 있다.

검사 결과, 비닐봉지를 넣은 컨테이너의 이산화탄소량은 거의 변하지 않았다. 미생물이 플라스틱을 먹지 않는 것이다. 과학자들은 비닐봉지 한 장이 분해되는 데는 최소 500년 혹은 그 이상이 걸린다는 막연한 답을 내놓을 수밖에 없었다. 오늘 묻은 비닐이 언제 썩을지는 아직 알 수 없다. 아주 오랜 시간이 필요하다는 사실만 떠올릴 뿐이다.

4장

지구를 점령한
외계물질,
플라스틱

만년설 위의 플라스틱

빙하수 계곡에 쌓인 페트병

인도반도의 북부 히말라야 고원지대에 라다크(Ladakh)라는 도시가 있다. 히말라야산맥 아래 자락에 위치한 그곳은 겨울이 길고 여름이 짧다. 1년 중 8개월이 겨울인데, 그동안에 히말라야 고산에서 흐르는 빙하가 교통과 이동을 막아 도시가 고립되고 만다. 그래서 4월부터 9월까지만 외부인들이 통행할 수 있는 육로가 열린다. 이 기간에 외국인 관광객들이 대거 몰려와 관광지를 둘러보거나, 라다크인들의 전통 삶을 체험하거나, 히말라야 산악지역을 트레킹한다.

라다크가 외부 세계에 문을 연 것은 1974년이었다. 파키스탄과

전쟁을 치른 인도 정부는 관광산업을 육성하기 위해 라다크를 개발하기 시작했다. 이 과정에서 외국의 자본과 기술과 문화가 유입되었고, 서구식 건물과 쇼핑센터가 들어섰다. 그 와중에 전통적 삶의 방식은 점점 뒷전으로 밀려나게 되었다. 관광지와 도로개발로 산림은 파괴되고, 늘어난 교통량으로 대기오염이 심각해졌다. 관광객들이 가져와서 버린 플라스틱 쓰레기로 환경오염도 심해졌다.

이곳 히말라야 고원지대의 사람들은 빙하수를 식수로 사용한다. 해발 5,000m 이상의 고봉에서 흘러내리는 빙하수가 계곡을 따라 흐르는 곳에 식물이 자라고 마을이 조성된다. 비가 거의 오지 않는 이 지역 사람들은 마을을 관통하며 흐르는 빙하수로 빨래를 하고 천연 냉장고로 써왔다. 빙하수가 마을로 내려오는 입구에서 좀 더 상류로 올라가면, 발을 담그고 있기 힘들 정도로 차갑고 맑은 물이 세차게 흘러내린다. 그러나 안타깝게도 상류는 이미 페트병과 플라스틱 병마개 등으로 오염되어버렸다. 상류가 이 정도인데, 개울들이 만나서 흐르는 강의 주변은 말할 것도 없다. 인류의 문명이 시작되었다고 하는 인더스강의 상류 지역도 마찬가지다. 강물이 세차게 흐르는 주변 둔치로 사람이 다닐 수 있겠다 싶은 곳에는 어김없이 플라스틱을 태운 흔적이 있다. 아마 이곳 사람들은 플라스틱들을 태워서 처리했을 것이다. 자신들의 삶 속에는 존재하지 않았던 플라스틱의 등장에 그들도 당황해하는 게 분명하다.

▌빙하수 계곡 상류에 버려진 페트병들

▌인더스강 둔치에서 소각된 폐플라스틱

태우는 게 제일 빠르다

눈앞에 보이는 쓰레기를 가장 손쉽게 처리하는 방법은 땅에 묻거나 태우는 것이다. 그런데 땅에 묻으려면 매번 땅을 파야 하고 힘이 든다. 반면에 태우는 일은 참 쉽고 간편하다. 종이든, 플라스틱이든 어떤 쓰레기라도 불을 붙이기만 하면 태워서 없앨 수 있고, 누구든 쉽게 할 수 있으니까.

라다크에 외국 문화와 함께 플라스틱이 유입된 지 수십 년이 지났다. 하지만 재활용품을 수거해가지 않는 변두리 마을에서는 그냥 태워서 처리한다. 내가 레(Leh)의 변두리 지역에서 자원봉사를 하는 동안 홈스테이를 했었는데, 집주인이 그 집에서 나오는 쓰레기를 태운다는 것을 알게 되었다. 한번은 페트병이나 샴푸병, 세제병 같은 플라스틱 쓰레기에 불을 붙이고 있는 집주인에게 조심스럽게 말을 건넸다.

"플라스틱을 태우면 몸에 안 좋은 물질이 나와요. 태워서는 안 될 것 같은데요."

집주인이 다소 어리둥절한 표정으로 물었다.

"그럼 어떡해야 할까요?"

"재활용품으로 내놓으면 시에서 수거해가지 않나요?"

"변두리인 이곳까지 수거하러 오지 않아요. 그러니 그냥 태울 수밖에 없어요. 게다가 플라스틱 쓰레기가 계속 생기는걸요?"

플라스틱이 필요없는 마을에 플라스틱을 들여와야 할 경우 쓰레기에 대한 대비책도 있어야 한다. 그런데 처리 대책이 없다 보니, 관광객들이 사용하고 버린 플라스틱이 빙하수와 땅과 공기를 오염시키는 주범이 되고 말았다. 지금은 외진 지역의 원주민들도 플라스틱 제품을 사다가 쓰는 데 익숙해져버렸다.

플라스틱 쓰레기를 소각해서 없애는 광경은 라다크에서만 볼 수 있는 게 아니다. 우리나라 농촌지역만 가도 플라스틱을 태우는 모습을 쉽게 볼 수 있다. 마당 한편에 드럼통 화덕을 만들어 쓰레기를 수시로 태우거나, 땅을 오목하게 파서 돌로 둘러쌓은 후 생활 쓰레기를 태우곤 한다. 낙엽이나 종이 박스 같은 것을 먼저 태워서 불이 활활 타오르면 버려둔 포장재나 일회용품 등을 태운다. 때로는 페트병 같은 플라스틱도 불 속에 집어넣는다.

가끔씩 수거차량이 농촌을 다니며 재활용품으로 내놓은 것들을 가져가지만, 아무 때나 쓰레기를 처리할 수 있는 화덕과 아궁이가 있으면 플라스틱을 태우는 일들이 빈번하게 생긴다. 쓰레기 수거 체계가 있든 없든 간에 눈앞에서 빨리 쓰레기를 치워버리고 싶은 욕망은 플라스틱을 태웠을 때 나올 발암물질이나 미세먼지 따위를 잊게 만들 만큼 강력하다.

플라스틱 쓰레기의 여정

제품의 일생

우리가 '재료'라고 부르는 물질 또는 물건도 살아 있는 생명체처럼 일생이 있다. 재료의 첫 출발은 자원(resource)이다. 자원은 아직 재료가 되기 전의 단계다. 자원에서 필요한 물질을 걸러내면 그때부터 원료(raw material) 또는 재료(material)가 된다. 원료나 재료는 제품(product)을 만드는 데 쓰인다. 이렇게 해서 탄생한 제품은 시장에서 소비자들을 만난다. 소비자들은 자신의 취향에 맞거나 용도에 맞는 제품을 구입해서 사용하게 된다. 선택된 제품은 소비자들에게 쓸모가 있을 때까지만 소비자와 함께 있을 수 있다. 그 후 더 이상 필요하지 않게 되거나 고장이 나면, 소비자는 그 제품을 처리하기로 마음먹는다. 그런데 제품을 어느 방향으로 처리하는지에 따라 인간과 자연에게 좋은 영향을 주기도 하고 악영향을 주기도 한다.

그래서 제품을 선택해서 내 생활 속으로 가져오는 행위는 엄중한 책임이 따르는 일이다. 그 책임은 제품의 쓸모가 있는 동안만 유지되는 게 아니다. 제품이 버려진 이후 어떤 과정을 거쳐 일생을 마치게 될 것인지까지 책임져야 한다.

이제 제품의 쓸모가 다 되거나 유행에 뒤처지면, 우리가 재활용품으로 배출하거나 쓰레기통에 집어넣는 것만으로도 그 제품은 사람들과의 인연을 끝내고 다른 여정으로 길을 떠나게 된다. 재활용은 용도를 바꾸거나 가공하여 다시 쓰는 순환의 과정이다. 만약 제품이 재활용으로 처리된다면 다시 소비자에게 돌아오는 기간도 짧아진다. 왜냐하면 날것의 자원으로부터 새로 시작하는 게 아니고, 환경에 해로운 영향도 거의 주지 않기 때문이다.

그런데 만일 버려진 제품을 매립이나 소각을 한다면 이야기가 달라진다. 매립은 땅속에 플라스틱을 묻는 것이다. 이것은 우리가 명확하게 처리할 수 없기 때문에 땅이 대신 처리해주기를 바라는 것이다. 이와는 달리, 소각은 열을 가해 플라스틱을 다른 물질로 잘게 쪼개서 공기 중으로 버리는 일이다. 이로써 제품의 일생은 끝이 난다. 하지만 자연에 방치되어 있다가 빗물이나 바람에 쓸려 떠내려간 플라스틱들은 결국 큰 바다에서 언제 끝날지 모를 여정을 하게 된다. 그것은 누구도 책임지지 않아 떠돌게 되는 플라스틱들이다.

땅속의 플라스틱

농촌을 지나다 보면 검은색 비닐이 밭 흙을 덮고 있는 광경을 자주 보게 된다. 이 검은색 비닐을 '멀칭재(mulching材)'라고 하는데, 흙의 건조·병충해·잡초 따위를 막기 위해 땅을 덮는 것이다. 멀칭재로 볏짚, 퇴비, 낙엽, 나무를 잘게 쪼갠 조각, 종이 등도 사용되지만 가장 많이 쓰이는 것이 비닐이다. 흙이 가장 빈번하게 비닐과 접촉

하는 경우가 비닐멀칭을 쓸 때다.

현대 농업에서 비닐멀칭 재배법이 차지하는 비중은 높다. 집 앞의 작은 텃밭조차도 땅의 표면을 덮은 검은 비닐을 쉽게 볼 수 있을 만큼 비닐멀칭에 많이 의존하고 있다. 그런데 여기서 문득 궁금증이 생길 것이다. 작물이 자라는 동안에 혹시 플라스틱으로 생기는 부작용은 없을까? 수확 후에도 작은 플라스틱 조각이 조금이라도 땅속에 남지 않을까? 미세플라스틱이 흙 속에 묻혀 있을 경우 어떤 일이 벌어질까? 미세플라스틱도 다른 흙과 다름없는 흙이 될 수 있을까? 이런 질문들이 꼬리를 물고 이어진다고 해도 전혀 이상한 일이 아니다.

흙에 비닐조각이나 미세플라스틱이 섞이면 기본적으로 다른 흙이 되어버린다. 왜냐하면 플라스틱으로 말미암아 공기가 잘 안 통하거나 수분이 못 들어올 수 있기 때문이다. 공기가 잘 통하고 수분이 있어야 땅속의 미생물이 살 수 있고 식물도 뿌리를 내려 영양분을 섭취할 수 있다. 그런데 미세플라스틱이 있을 경우 질소와 인의 순환을 방해하고 영양분의 흐름을 막아버려 흙 속 미생물의 활동에 지장을 준다. 또 미세플라스틱 알갱이의 표면에 이물질이 잘 들러붙을 수 있다. 이렇게 되면 땅속 박테리아나 균류, 지렁이 같은 유용한 미생물들이 살기 힘든 조건이 된다. 미세플라스틱으로 오염된 땅속에서 지렁이들이 대량 폐사했다는 보고도 있다. 땅속이 건강해

지려면 미생물들의 생존과 활동은 매우 중요하다. 이들은 자연생태계의 맨 아래에서 마지막으로 유기물을 분해해 가장 작은 물질로 되돌려놓는 역할을 한다. 흙 속에 이런 미생물들이 많을수록 좋은 흙이 된다. 그런데 흙 속의 플라스틱 조각들이 이런 분해자들의 서식지와 활동을 물리적·화학적으로 방해함으로써 흙 속의 생태계를 망가뜨리고 있다.

흙 속의 미세플라스틱이 미치는 영향은 여기서 그치지 않는다. 비닐 멀칭재를 생산하려면 많은 양의 가소제를 써야 하는데, 특히 프탈레이트 가소제는 내분비계 교란 물질 또는 환경호르몬 물질이다. 유해 물질은 플라스틱으로부터 서서히 새어 나와 흙을 오염시키고 식물에게 흡수된 다음 사람의 몸속으로 들어온다. 이것의 영향을 분석한 연구 결과는 매우 많고 다양하다.[1] 예를 들면 밀, 고추 등 채소류 등이 프탈레이트를 흡수하여 인체로 전달될 가능성이 높다고 경고한다. 프탈레이트는 비닐 멀칭재에서만 나오는 게 아니다. 비닐하우스 시설에서 자란 작물뿐만 아니라 비닐하우스의 흙조차 프탈레이트 농도가 일반 흙보다 높게 측정된다고 한다. 이미 제초제로 오염된 땅이었거나, 가축들의 분뇨를 퇴비로 썼거나 해도 프탈레이트 같은 환경호르몬이 나올 수 있다.

아직 지금의 기술로는 프탈레이트가 비닐 멀칭재에서 나왔는지, 아니면 땅이 원래 오염된 탓인지 명확히 밝히지는 못한다. 다만 비

비닐멀칭으로 작물을 키우는 밭

닐멀칭을 설치한 밭의 흙에서 상대적으로 높은 수치가 나왔다는 것만을 확인했을 뿐이다. 아직은 오염된 흙에서 미세플라스틱을 걸러 내지 못한다. 그 어떤 첨단 과학기술로도 오염된 흙을 건강한 흙으로 되살리지는 못한다. 흙 속에도 자연이 만든 생태계가 있고, 그 생태계를 뒷받침하는 신비한 생명요소들이 있기 때문이다. 안타깝게도 비닐 멀칭재를 쓰지 않는 방법을 찾아야 하지만 가능할 것 같지

plasticplasticplasticplasticplasticplasticplasticplastic

관행농업과 유기농업

관행농업이란 대규모 농지에서 대규모로 농산물을 생산하고 가공하는 농업을 말한다. 워낙 넓은 면적에서 대량으로 재배하다 보니 엔진이 달린 농기계를 사용하며, 수확량을 늘리기 위해 화학비료와 제초제 등을 살포하는 것을 주저하지 않는다. 사계절 내내 작물을 키우기 위해 비닐하우스 같은 시설을 활용하는 곳도 많으며, 집중적으로 가축을 사육하기도 한다. 따라서 에너지나 물, 화학비료를 많이 소비하고 환경오염 물질도 많이 배출한다.

반면에 유기농업은 소규모 농지에서 다양한 작물을 재배하면서 화학비료나 기계를 쓰지 않거나 최소화한다. 자연의 순환주기에 맞춰 제철과일이나 채소를 재배하고 퇴비를 사용한다. 비닐멀칭을 피하는 대신, 일일이 풀을 뽑거나 풀과 함께 키우기도 있다. 논에서는 잡초를 없애기 위해 우렁이를 넣거나 오리를 풀어놓기도 한다. 기계로 땅을 갈지 않는 무경운 농법을 추구하기도 하고, 작물을 절기마다 돌려가며 지으면서 땅의 영양분이 소실되지 않게 만든다. 이것을 흔히 '대안농법'이라고 부르기도 한다.

는 않다. 아예 안 쓰는 게 어렵다면, 저급한 비닐보다 다년간 사용할
수 있는 고품질의 제품을 선택하는 게 좋다.

플라스틱 쓰레기의 종착지, 바다

생활 속에서 사용하는 플라스틱은 우리가 눈으로 볼 수 있고 만
질 수 있는 모양과 크기를 가지고 있다. 이것들은 고형플라스틱 또
는 비닐이라 불리는 플라스틱 필름의 형태로 쓰이다가 버려진다.
그런데 재활용되지 못하거나 소각장이나 매립지로 가지 못한 플라
스틱들은 맨 나중에 바다로 모이게 된다. 통계에 따르면, 바다에 떠
다니는 플라스틱 오염물질 중 80%가 도시에서 배출된 쓰레기들이
라고 한다.[2] 여기에는 포장재와 식품용기, 일회용품, 비닐봉지들이
대부분을 차지한다. 나머지 20%는 선박에서 버린 쓰레기이거나 배
에서 쓰던 어업 도구들이다. 바다에 버려지는 플라스틱들은 이후에
어떻게 될까?

플라스틱 쓰레기의 고향은 육지다. 대부분 큰 도시에 살다가 바
다에 버려진 것들이다. 처음에는 원래의 모양으로 떠다니면서 물결
을 따라 출렁이기도 하고 바람 따라 흘러가기도 했다. 그런데 바위
니 플라스틱끼리 부딪히면서 작은 조각들이 떨어져 나가게 된다.
강렬한 햇빛을 받은 부위는 색깔이 바래지면서 광분해가 시작된다.
물결에 일렁이다 뒤집어지기도 하면서 자외선에 노출되다 보면 플

라스틱 표면에 서서히 금이 가기 시작한다. 이런 균열이 커지면서 플라스틱은 작은 알갱이로 쪼개지게 된다. 반면에 잘 뒤집어지지 않는 표면에는 해조류나 조가비 같은 것이 달라붙는다. 어쩌다 햇빛에 노출되어도 달라붙은 것들 때문에 자외선을 받지 못하게 된다. 달라붙은 게 늘어나면서 무거워지다가 물결에 휩쓸려서 가라앉아버린다. 어둡고 차가운 해저에서는 햇빛을 더 이상 볼 수가 없다. 어두운 곳에 가라앉아 있는 동안 달라붙었던 해조류와 조가비들이 떨어져 나가면, 무게가 다시 가벼워져 플라스틱이 조금씩 떠오르기 시작한다. 하지만 무게가 나가는 플라스틱들은 떠오르지 못하고 어둡고 차가운 바다 아래 흙 속에 묻혀버린다.

가라앉았다 떠오르기를 반복하면서 큰 바다까지 흘러가는 플라스틱은 물보다 가벼운 것들이다. 폴리에틸렌과 폴리프로필렌 등이 그런 종류다. 이런 플라스틱들은 강물이나 빗물을 타고 육지를 빠져나오자마자 물결에 휩쓸리다가 서로 부딪히면서 더 작은 크기로 쪼개진다. 이렇게 흘러가다 해류를 만나면 태평양의 쓰레기 섬까지 이르게 된다. 그리고 알록달록한 플라스틱 알갱이를 먹이로 착각한 고래나 거북이, 앨버트로스 같은 큰 새들이 삼키게 된다. 폐그물 같은 것은 덫처럼 팔을 벌리고 바닷물 속을 떠다닌다. 비닐봉지나 포장 끈, 낚싯줄 같은 것들이 물속을 떠다니는 동안 해양생물들의 다리에 감기기라도 하면 몸의 일부를 잃게 된다. 큰 플라스틱에는 유

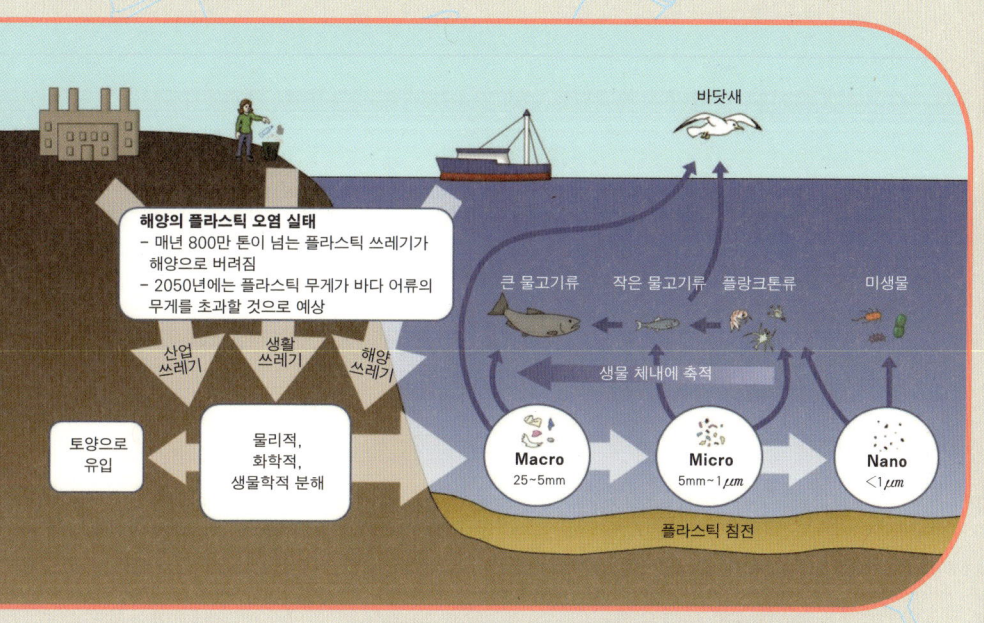

해양의 플라스틱 오염 실태
- 매년 800만 톤이 넘는 플라스틱 쓰레기가 해양으로 버려짐
- 2050년에는 플라스틱 무게가 바다 어류의 무게를 초과할 것으로 예상

바닷새

큰 물고기류   작은 물고기류   플랑크톤류   미생물

생물 체내에 축적

산업
쓰레기   생활
쓰레기   해양
쓰레기

토양으로
유입

물리적,
화학적,
생물학적 분해

Macro
25~5mm

Micro
5mm~1μm

Nano
<1μm

플라스틱 침전

플라스틱이 해양생태계로 흘러들어가는 과정

기물질이 잘 달라붙을 수 있기 때문에 중금속이나 병원균이 먼 거리를 이동할 수 있는 수단이 되기도 한다.

가장 해로운 것 중의 하나는 첨가제로 투입된 화학물질이 새어 나오는 경우다. 가소제로 첨가된 프탈레이트는 온도가 높아진다든지 빛을 오래 받는다든지 할 때 새어 나올 수 있다. 그런 플라스틱 중 하나가 폴리염화비닐인데 열과 광분해에 아주 약하다. 특히 가소제로 첨가된 프탈레이트 성분이 빠져나와 해양생물로 옮겨갈 가능성이 크다. 큰 플라스틱 덩어리들이 장거리 이동하는 동안에 이런 화학물질에 해양생물이 노출될 위험이 있다. 그럼에도 의료용 장치나 의료용 튜브, 혈액 주머니뿐만 아니라 식품용기, 비닐 랩 같은 것들은 여전히 폴리염화비닐로 만들어진다. 이런 제품들이 바다로까지 흘러온 것은 폐기물 처리 과정에서 놓쳤거나 누군가 불법으로 버렸기 때문이다. 누군가 버린 것이라면, 이 플라스틱들이 언젠가는 자신과 아이들에게 되돌아올 것임을 모르는 사람이다.

문제는 여기서 그치지 않는다. 플라스틱들이 잘게 부서져 해류를 타고 흐르면서 전 세계 대륙의 해안을 오염시키고 있다. 해양생물들이 삼키거나 플라스틱에 감겨 고통받다가 죽는 일들이 더욱 많아질 것이다. 이미 생태계 전체로 미세플라스틱의 위협이 퍼져나가고 있다. 해양 플라스틱이 지구 생태계에 어떤 재앙을 가져올지 아무도 모른다.

바다 위를 떠다니는 플라스틱 섬의 문제는 지구촌의 큰 골칫거리가 되어버렸다. 바다를 오염시키는 해양 플라스틱 쓰레기가 많아지고 있지만, 불행하게도 이것을 처리하는 방법이 현재로서는 없다. 단지 민간 차원에서 기금을 모으고 모니터링하거나 회수하는 방법을 연구하는 정도다.

도시를 떠도는 미세플라스틱

사람들이 가장 많이 모여 사는 지역을 도시라고 한다. 많은 사람들이 그곳에 모여 살면서 생산과 소비, 거주를 함께한다. 그러다 보니 인구도 많고 소비되는 물질과 생산되는 쓰레기 양도 많다. 소비자들이 많이 모여 있어서 지방의 생산물이 도시로 운송되고 유통된다.

도시인들이 많이 쓰는 제품 중 하나인 생수병은 안전한 플라스틱이라고 하는 페트 재질로 만들어진다. 이것은 높은 품질과 안정성을 바탕으로 투명하게 만들어진다. 사실 한 번만 쓰기에 아까워 여러 번 사용하기도 하고 다른 음료를 보관하기도 한다. 그런데 생수병에서 나노 플라스틱이 검출되었다는 검사 결과가 발표되었다. 생수뿐만 아니라 지하수를 뽑아서 마시는 물에서도 미세플라스틱이 나왔다고 한다. 검출된 미세플라스틱의 크기는 $1\mu m$에서부터 $150\mu m$ 사이로 다양했다. 생수병의 재질은 유리를 비롯해서 페트와 폴리프로필렌, 폴리스티렌, 폴리에틸렌, PLA 등 주변에서 흔하게 구할 수 있는 플라스틱들이다. 재질이 페트일 경우 플라스틱의 알갱이도 대부분 페트였지만, 다른 종류의 플라스틱도 검출되었다. 유리병인 경우에도 생수에서 여러 종류의 플라스틱이 검출되었다고 한다. 어떻게 해서 생수병에 미세플라스틱이 들어간 것일까? 플라스틱 생수병에 든 미세플라스틱은 외부에서 온 것으로 추측된다. 병의 몸체나 뚜껑과는 다른 재질의 알갱이였기 때문이다. 아마도 지하수나 생수가 병에 채워지기 전부터 오염되었거나, 병에 물을 채우는 과정에서 오염되었거나, 다른 요인으로 오염되었을 것이다.

유아에게 젖병을 물릴 때도 미세플라스틱이 나온다고 한다. 요즘 만들어지는 젖병은 폴리프로필렌 젖병이다. 예전에는 폴리카보네이트 젖병을 썼는데, 가소제로 들어간 비스페놀A 성분이 내분비계 교란 물질이란 것을 알게 되면서 폴리프로필렌 재질로 바뀌었다. 그런데 안전하다고 생각해왔던 폴리프로필렌 젖병에서 미세플라스틱이 발견된 것이다. 보통 젖병은 100℃에서 소독하게 되어 있다.

안정된 폴리프로필렌의 고분자 조직이라도 이 정도로 뜨거워지면 결합력이 약해지면서 분리되기 쉬운 상태가 된다. 그래서 소독이 끝난 후 병에 분유와 뜨거운 물을 붓고 흔들면 미세 알갱이들이 병에서 떨어져 나오게 된다. 소독한 젖병에서 검출되는 미세플라스틱 알갱이의 개수를 세어본 결과, 가장 적게 나올 때가 1l당 최소 64만 개라고 한다.[3]

젖병뿐만이 아니다. 일회용 종이컵은 물이 새어 나가지 않도록 안쪽에 고밀도폴리에틸렌이 코팅되어 있다. 그런데 85~90℃의 뜨거운 물을 붓고 15분간 방치하고 난 후 현미경으로 들여다보니 약 2만 5,000개의 플라스틱 조각들이 떠 있었다. 게다가 플라스틱 속에 있던 중금속과 화학물질도 녹아 나왔다고 한다.[4]

미세플라스틱이 사람이나 환경에 미치는 영향은 우리가 상상하는 것보다 훨씬 클 것이다. 지금까지의 연구 결과는 걸러낼 수 있는 크기의 미세플라스틱만 조사한 것이다. $1\mu m$보다 더 작은 알갱이는 검출하지 못하다 보니 분석을 못 한 것일 뿐, 없다는 게 아니다. 미세플라스틱이나 나노 플라스틱의 해로움에 대해서는 이제 막 연구 결과들이 나오고 있는 추세다. 미세먼지처럼 플라스틱 조각들이 공기와 물과 땅속으로 퍼져 있어서 무슨 일이 일어날지는 아무도 예측하지 못한다. 플라스틱을 앞으로도 계속 써야 할지 말아야 할지, 그리고 대책은 무엇일지 곰곰이 따져봐야 할 때다.

하늘에 쓰레기를 매립하다

폐비닐의 운명

비닐은 포장재의 가장 기본이 되는 재료이면서 사람들이 가장 많이 쓰는 플라스틱 중 하나다. 그래서 버려지는 비닐이 제일 많다. 여러 가지 재질과 색깔이 섞여 있는 데다 스티커 같은 이물질이 많이 붙어 있어 재활용이 불가능한 실정이다. 2018년 4월에 발생한 쓰레기 대란은 그동안 수거를 담당했던 업체들이 비닐 쓰레기 수거를 거부하면서 시작되었다. 비닐 쓰레기는 애초에 재활용률이 떨어지는 데다 팔아봐야 수익도 낮은 품목이었다. 그나마 수익률이 좋던 폐지를 중국에서 수입 거부하면서 국내의 폐지 가격 하락으로 이어졌다. 수거업체들은 적자를 폐지 수익으로 메우고 있었는데, 폐지 가격이 하락하자 폐비닐 수거를 거부해 폐비닐 대란이 시작된 것이다. 지금도 재활용업체들은 폐비닐을 재활용 봉투에 담지 말고 일반 쓰레기봉투에 넣어야 한다고 목소리를 낸다.

사실 그전에도 폐비닐은 제대로 재활용되지 못했다. 그냥 태우거나 아니면 고형화연료(solid refuse fuel, SRF)라는 플라스틱 알갱이로 만들어 발전소 같은 곳에서 다른 연료와 함께 태웠다. 그냥 소각하는 것보다 에너지라도 얻을 수 있기 때문에 이것을 '쓰레기로부터 에너지 회수(Waste to Energy)'라고도 한다. 하지만 플라스틱을 태운다는 사실에는 변함이 없다. 다른 나라에서도 에너지 회수를 재활용으로 보지 않고 있다. 플라스틱을 태워버리는 것은 쓰레기를 눈앞에서 즉각 없애는 효과를 거둘 수 있지만, 환경에 오염물질을 쌓이게 하는 결과를 낳는다. 태우는 것은 한순간이다. 하지만 오염물질이 대기 중에 있다가 땅과 바다로 내려앉아 몇 세대에 걸쳐서 사람의 몸 속에 남게 되니 더 심각한 문제다. 플라스틱을 이렇게 소각할 수밖에 없는 이유는, 마구잡이식으로 비닐을 만들어 쓰고 버리는 소비 문화 때문이다. 근본적으로 비닐의 생산과 사용을 줄이는 방향으로 가지 않으면 폐비닐 대란은 언제든지 일어날 수 있다. 이미 전국에 있는 수백 군데의 쓰레기 산을 보면 쓰레기 대란은 이미 시작되었음을 알 수 있다.

쓰레기 소각이 남기는 문제

플라스틱을 소각하면 플라스틱 속에 있는 물질들이 공기 중의 산소와 결합해 이산화탄소나 일산화탄소, 수증기, 그을음 등으로 분해된다. 타지 못하는 무기질은 재나 고형물로 남는다. 온실가스인 아산화질소, 휘발성유기화합물과 발암물질인 다이옥신, 수은증기나 카드뮴 같은 중금속 성분과 염화수소, 이산화황, 질소화합물들도 대기 중으로 흩어진다. 이 유해 물질들은 미세먼지로 온 세상을 날아다니며 사람이 호흡할 때 몸속으로 들어올 수 있다. 폐 세포를 통과할 정도로 작아서 그대로 혈액에 합류해 몸속을 다니다 머물 경우 호르몬이 잘 분비되지 않거나 병에 걸릴 가능성이 높아지게 된다.

전국에 소각장이 늘어나면 미세먼지와 공기 중의 유해 물질도 그만큼 늘 수밖에 없다. 소각 기술이 좋아서 태울 때 완전연소가 일어나게 할 수는 있지만, 불완전연소가 일어날 수 있는 조건은 늘 존재한다. 온갖 것들이 섞여 있는 쓰레기들 중에는 태워서는 안 되는 것들과 잘 타지 않는 것들이 섞여 있다. 그래서 플라스마 장치를 쓴다든지, 공기나 산소를 불어넣는다든지 하는 다양한 고에너지 장치를 쓰기도 한다. 이렇게 해서 태우지 않으면 늘어나는 쓰레기를 감당할 수 없다. 하지만 사람들은 자신이 살고 있는 지역에 소각장이 설치되는 것을 못마땅하게 여긴다. 아무리 소각장을 잘 관리한다고 해도 굴뚝을 통해 오염물질이 배출될 수밖에 없다고 생각하기 때문이다. 그도 그럴 것이 굴뚝원격감시체계(TMS)를 설치해서 관리한다는 말은 일정 수준 이내의 오염물질을 허용한다는 뜻이다. 오염물질을 전혀 나오지 않게 할 수 없으므로 허용범위를 정해놓은 것에 불과하다.

결국 쓰레기를 안 만드는 것이 무엇보다 중요하다. 지금 벌어지고 있는 쓰레기 제로 운동이나 플라스틱 프리 운동도 태우거나 매립할 쓰레기를 줄이자는 취지다. 버려지는 플라스틱이 없도록 꼭 써야 할 것만 쓰되, 다른 물건으로 대체해서 써야 한다. 만약 대체하기 어렵다면 여러 번 쓸 수 있는 플라스틱 제품으로 선택해야 한다.

굴뚝원격감시체계가 무엇일까?

굴뚝원격감시체계(Tele-monitoring System, TMS)는 사업장에 있는 굴뚝에서 배출되는 환경오염 물질의 농도를 자동으로 측정하고 감시하기 위해 설치하는 장치다. 매연 등 배출가스를 실시간 분석하여 보여주며, 중앙의 컴퓨터와 온라인으로 연결되어 24시간 내내 상황을 감시한다. 연간 오염물질 발생량이 10t 이상 되는 사업장 중 부착 기준에 맞는 시설은 굴뚝원격감시체계를 설치해야 한다. 굴뚝원격감시체계는 먼지, 황산화물, 질소산화물, 염화수소, 불화수소, 암모니아, 일산화탄소 같은 오염물질의 양을 측정하고 기록한다. 또 배출가스 중의 산소농도와 온도, 유량 등을 측정해 소각설비의 성능을 모니터링한다. 이렇게 수집된 자료는 배출 시설을 관리하는 용도로 쓰고, 만일 배출 기준을 초과한 사업장이 있으면 행정기관에 자료를 제공해 벌금을 매길 수 있게 한다.

행정기관은 굴뚝원격감시체계가 잘 가동되고 있는지 갑작스레 합동점검을 나가고, 굴뚝원격감시체계를 통해 배출허용 기준을 지키지 않은 사례들을 적발하기도 한다. 하지만 벌금이나 처벌 규정이 느슨하기 때문에 기업들은 허용치를 위반하고도 개선하는 데에는 소극적인 편이다. 따라서 이런 감시 장치만 믿고 소각 시설을 늘릴 수 없다. 일정 규모가 안 되어 굴뚝원격감시체계를 설치하지 않은 중소 사업장이 많은 것도 여전히 문제다.

매립으로 생긴 쓰레기 산

매립은 소각과 더불어 쓰레기가 마지막으로 거치는 여정이다. 쓰레기를 매립할 때는 젖었거나 아예 타지 않거나 태워서는 안

되는 것들을 땅속에 묻고 흙으로 덮는다. 이때 쓰레기가 다른 데로 새어 나가지 않게 옹벽과 제방을 세운다. 빗물과 침출수가 생기는 것도 관리해야 한다. 발생하는 가스를 모아서 처리해야 하고, 쌓이는 쓰레기의 무게를 계산해서 흙으로 중간중간 덮어줘야 한다. 이렇게 하다 보면 어느새 거대한 쓰레기 산이 생긴다. 마치 서울의 난지도가 쓰레기 매립장으로 지정되어 15년간 서울과 수도권의 온갖 쓰레기로 커다란 쓰레기 산이 된 것처럼 말이다. 매립지로서 수명을 다한 지금은 월드컵공원의 일부로 지정이 되면서 예전의 모습으로 탈바꿈하고 있다. 겉모습은 달라졌지만 세월이 흐르면서 난지도 내부에서 발효가 진행되어 메탄과 이산화탄소 등이 올라오기도 한다. 이때 이를 이용해 발전을 하거나 열을 얻기도 한다. 그런데 이것은 분해될 수 있는 쓰레기의 경우다. 분해되지 않는 플라스틱들은 여전히 땅속에서 묻힌 채 그대로 있을 것이다. 얼마나 시간이 흘러야 분해될지 아무도 모른다. 매립은 소각과 함께 가장 마지막에 하는 방법이지만, 최대한 피해야 할 쓰레기 처리 방법이다.

플라스틱은 기후변화에 어떤 영향을 미칠까?

거의 모든 플라스틱의 원료는 화석원료에서 추출한 나프타에서 얻는다. 나프타를 분해해 얻은 에틸렌과 프로필렌 등이 플라스틱의 기본 원료물질이다. 연간 세계 석유 생산량의 4~6%는 플라스틱 제조에 쓰이고, 또 다른 4%는 정제 과정에서 태워진다. 원료를 추출하고 운반한 다음, 플라스틱을 만드는 과정에서도 수십억 톤의 온실가스가 배출된다. 플라스틱 쓰레기를 소각하는 과정에서도 대기에 온실가스가 더해진다. 플라스틱을 본격적으로 사용했던 1950년 이래, 전체 플라스틱 제품의 14~18%만 재활용하는 것으로 추정된다. 남은 플라스틱 쓰레기의 24%는 소각하고, 58~62%는 매립하거나 자연에 방치하고 있다.

매립한 플라스틱 쓰레기도 온실가스에 영향을 준다. 플라스틱은 땅속에서 화학물질을 서서히 내뿜어 미생물을 위협한다. 미생물이 건강하게 자라지 못하는 땅에서는 식물도 잘 자라지 못해, 농부는 화학비료에 더 많이 의존할 수밖에 없다. 화학비료를 쓰면 쓸수록 흙은 산성화되고 점점 미생물이 살 수 없는 땅이 된다. 농부는 결국 비옥한 땅을 찾아 숲을 밀어 새로운 경작지를 만든다. 숲이 훼손될수록 식물의 광합성과 공기 정화 작용이 줄어 대기오염의 악순환이 이어지는 것이다.

강과 바다에 플라스틱 쓰레기를 흘려보냈을 때도 마찬가지다. 플랑크톤은 바다에 녹아 있는 이산화탄소를 흡수해 산소를 만들어 대기로 돌려보낸다. 플랑크톤의 역할

덕분에 대기 중 이산화탄소는 최대 3분의 1이 줄어든다. 하지만 바다에 모인 플라스틱이 세월이 지나 나노플라스틱으로 변하면, 플랑크톤은 나노플라스틱을 먹이로 착각해 먹고 죽는다. 나노플라스틱으로 플랑크톤의 광합성 작용이 위축되면 대기 중 온실가스는 줄지 않게 된다. 결국 미세플라스틱은 지구의 탄소순환에 치명적인 영향을 미치는 것이다.

플라스틱은 기후변화에 치명적인 타격을 입힌다. 플라스틱은 화석원료에서 추출해 제품을 만드는 과정, 또 제품을 생산하고 유통하는 모든 과정에서 에너지를 소비하는데 이때 온실가스 생성은 피할 수 없다. 수명이 다한 플라스틱이 쓰레기로 방치되는 순간에도 마찬가지다. 온실가스와 오염물질을 배출하거나 탄소순환을 방해해 대기 중 이산화탄소 농도를 끊임없이 늘린다. 결국 플라스틱을 많이 쓰면 쓸수록 기후위기는 성큼 다가올 것이다.

5장

쓰레기 대란을 막을 순환경제

플라스틱 제로 시대를 열려면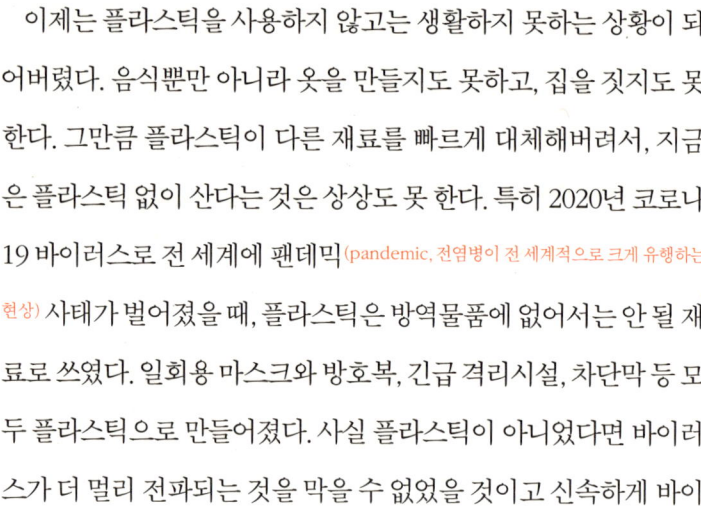

　이제는 플라스틱을 사용하지 않고는 생활하지 못하는 상황이 되어버렸다. 음식뿐만 아니라 옷을 만들지도 못하고, 집을 짓지도 못한다. 그만큼 플라스틱이 다른 재료를 빠르게 대체해버려서, 지금은 플라스틱 없이 산다는 것은 상상도 못 한다. 특히 2020년 코로나19 바이러스로 전 세계에 팬데믹(pandemic, 전염병이 전 세계적으로 크게 유행하는 현상) 사태가 벌어졌을 때, 플라스틱은 방역물품에 없어서는 안 될 재료로 쓰였다. 일회용 마스크와 방호복, 긴급 격리시설, 차단막 등 모두 플라스틱으로 만들어졌다. 사실 플라스틱이 아니었다면 바이러스가 더 멀리 전파되는 것을 막을 수 없었을 것이고 신속하게 바이러스로부터 우리의 몸을 보호하지 못했을 것이다. 앞서 플라스틱에는 두 개의 얼굴이 있다고 말했듯이, 우리는 플라스틱의 선한 얼굴과 악한 얼굴을 동시에 보며 살고 있다.

여기서 여러분은 의문이 들 것이다. 선한 면은 크게 키우고, 악한 면은 축소시키면 되지 않을까 하고 말이다. 이 질문의 답은 우리에게 있다. 우리가 그것을 가능하게 만들려면 어떻게 해야 할까?

고도성장이 만든 선형경제

물질과 자원을 어떻게 생산하고 소비하는가에 따라 선형경제와 순환경제로 나뉜다.

선형경제는 자원을 채취해서 사용한 후 버리기까지 일방향으로 통행하는 구조다. 원료를 캐내서 제품으로 만들고 사용한 다음, 성능이 떨어지거나 수명이 다됐거나 하면 지체 없이 버린다. 그러면 누군가 그 쓰레기를 싹 치워준다. 재활용할 수 있게 내놓는다고 해도 다른 것들과 섞여 있거나 오염되어 있으면 재활용률이 현저히 떨어져 결국 소각장이나 매립지로 갈 수밖에 없다. 다시 쓸 수 있는 자원임에도 소각되거나 매립되어 폐기된다.

결국 자원은 자원대로 낭비되고, 생산과 처리 과정에서 에너지가 소모된다. 에너지가 재생산을 위해 쓰이는 게 아니라 쓰레기를 처리하는 데 쓰이게 되니 이중으로 에너지를 낭비하게 된다. 그 과정에서 미세먼지와 발암물질이 생겨나고 자연을 떠돌다가 인간에게 부메랑이 되어 돌아온다. 이렇게 자원을 발굴해서 생산과 소비가 이뤄지고 난 후 폐기해버리는 경제 시스템을 '선형경제'라고 한다.

오늘날의 물질주의는 더 성능이 뛰어나고 더 편리한 물건을 원하는 소비자들의 욕망을 충족시켜준다. 이제는 인공지능(AI)으로 일컬어지는 디지털 기술에 힘입어 고부가가치의 물건을 만들고 있다. 플라스틱과 같은 화려하고 복합적인 재료로 만든 물건에다 첨단의 소프트웨어를 얹어 편리하고 성능이 좋은 제품을 만든다. 하지만 소프트웨어가 못 따라가니 오래 쓰고 싶어도 그만 쓸 수밖에 없다. 복합재료를 쓰다 보니 재활용도 쉽지 않다. 더 독창적이고 더 부가가치가 높은 물건을 만드느라 자원 보존은 뒷전이다. 자원을 채취해 원료와 제품을 만들지만 유행에 뒤쳐지거나 업그레이드해야 할 때면 망설임 없이 폐기해버린다. 그러다 보니 물건이 만들어질수록 쓰레기만 늘어가고 자원은 자원대로 낭비된다. 바로 이 물질주의 때문에 지구의 환경과 생태계가 오염되어 신음하는 것이다. 경제가 이렇게 고도성장만을 위해 움직이다 보니 하나밖에 없는 지구가 뜨거워지면서 기후 재앙이 다가오고 있다. 이것이 선형경제의 한계이자 부작용이다.

친환경적인 순환경제

재생 불가능한 자원을 쓸 때는 미래 세대에게 부채를 진다고 생각해야 한다. 자원은 지구의 자산이지 소수의 돈 있는 사람들의 자산이 아니기 때문이다. 산업혁명 이후 인류는 재생 불가능한 에너지를 다스릴 줄 알게 되면서 고도의 경제성장을 이뤄냈다. 그러나 지금의 기후 위기는 그동안 순환할 수 없게 만든 방식으로 자원과 에너지를 사용했던 결과임을 인정해야 한다. 플라스틱도 마찬가지다. 재생 불가능한 자원으로부터 얻은 플라스틱을 순환할 수 있는 방식으로 쓰려고 노력하지 않았다. 싼 플라스틱으로 기존의 재료들을 대체해버리고 대량으로 만들어 쓰다 보니, 지구 생태계는 플라스틱 쓰레기로 위협을 당하고 있다. 이것은 어찌 보면 당연한 결과다.

그러면 플라스틱을 어떻게 써야 할까? 답은 하나다. 순환할 수 있는 플라스틱 제품만 만들어 쓰고, 수명이 다 되면 다시 제품으로 만드는 공정으로 돌려놓아야 한다. 당연히 순환에 지장을 초래하는 일회성·단기성의 제품과 복합제품, 유해한 플라스틱들은 아예 만들지도 쓰지도 말아야 한다.

자원에서 원료를 추출하고 이것으로 제품을 만들어 수명이 다할 때까지 쓴다면 재활용 절차에 따라 순환 과정에 들어가게 된다. 재활용 절차의 기본은 재사용이 가능한지를 판단하는 것이다. 고장 난 제품이라면 고칠 수 있는지도 따지게 된다. 모양이나 기능을 조금 바꾸어 새로운 용도로 쓰는 것도 가능할 수 있다. 스스로 못 고칠 경우 수리점을 이용하게 해야 한다. 그래도 안 되면, 잘게 부수고 녹여서 펠릿으로 만든 후 다른 플라스틱 제품으로 재순환해야 한다. 이것이 순환경제의 특징이다.

원래의 제품으로 다시 탄생하면 '닫힌고리 순환'이라고 하고, 원래보다는 등급이 다소 떨어진 제품으로 탄생하게 되면 '열린고리 순환'이라고 한다. 우리의 목표는 닫힌고리 순환이 활발해지도록 만드는 것이다. 페트병에서 페트병으로, 가전제품에서 가전제품으로 완벽하게 순환될 때 쓰레기가 줄어들고 자원이 절약될 것이다. 플라스틱뿐만 아니라 다른 재료들도 순환할 수 있다면 비로소 순환경제가 완성된다. 이것의 효과는 이루 말할 수 없을 정도로 크다. 갈수록 심화되는 기후 위기를 늦출 수 있고, 자연생태계에 가해지는 위협도 효과적으로 완화시킬 수 있는 길이다.

순환을 위한 움직임

여러분은 어떤 물건을 만들기 위해 궁리해본 적이 있는가? 단 한 번이라도 있다면 디자인의 경험을 가지고 있는 것이다. 그런 경험이 여러 번 있다면 이미 여러분은 디자이너다.

선형경제

사용　제조　처분

한정된 자원에너지

순환경제

제조
사용
재활용

재생 가능한 자원에너지

┃선형경제와 순환경제의 작동 방식

디자인의 첫 단계는 재료를 선택하는 일이다. 내가 만들 물건에 플라스틱을 써야 할지, 말아야 할지를 먼저 고민한다. 플라스틱을 사용하는 게 환경과 자원 보존의 측면에서 유리하다면, 당연히 써야 할 것이다. 예를 들면 집을 지을 때 사용되는 단열재나 자동차, 비행기의 인테리어 재료들을 플라스틱으로 대체한 결과 에너지 효율을 높일 수 있고 자원도 절약할 수 있었다. 인체의 장기나 고급 기계 장치의 부품을 고성능 플라스틱으로 쓴 것도 매우 중요한 진보다. 이와는 반대로 써서는 안 되는 경우가 있다. 일회용 컵이나 휴지, 비닐봉지, 포장 테이프와 끈, 빨대, 비닐 랩, 포장용 에어캡(air cap), 일회용 수저 등이 그 예다. 이것들은 지금의 플라스틱 오염의 주범이고 재활용 체계를 흩뜨려놓고 있다. 하지만 플라스틱 일회용품이나 포장재를 줄이기 위한 노력은 점차 늘고 있다. 국내외에 어떤 사례들이 있는지 알아보기로 하자.

생산과 공급단계의 순환 디자인

대형 마켓이나 쇼핑몰에서 플라스틱 포장재를 아예 생략하거나 포장 디자인을 혁신적으로 바꾼 사례가 조금씩 늘고 있다. 사실 대형 매장들은 엄청난 플라스틱 쓰레기를 만들어 내는 곳이다. 창고형 매장 또는 대형 할인 매장이란 이름으로 웬만한 지역마다 한두 개씩 들어서 있다. 이런 마트가 없으면 낙후된 지역으로 인식될 정도다. 아파트 단지가 밀집된 지역에는 기업형 슈퍼마켓이나 대규모 유통점 형태의 대형 상점들이 들어와 있다. 이런 매장에서는 낱개로 포장된 것을 다시 묶음 포장한다든지, 큰 상자에 담긴 과일들을 여러 개의 작은 묶음으로 포장해서 판다. 이 과정에서 상상을 초월할 만큼 많은 양의 비닐 랩과 비닐봉지, 스티로폼, 포장용 비닐 테이프가 사용된다. 이것은 플라스틱 쓰레기를 소비자에게 나눠주는 것일 뿐, 상품의 가치나 품질과는 무관한 것이다.

인터넷을 통해 물건을 구입하는 경우도 마찬가지다. 작은 물건이든 큰 물건이든 배송업체를 통해 배달될 때마다 과대포장으로 논란을 일으킨다. 구매하려는 상품보다 몇 배나 큰 종이상자에 뽁뽁이 같은 완충재를 여러 겹 감싸 담아 보내는 경우가 많다. 새벽배송이나 로켓배송을 하는 배달업체에서는 이미 포장된 상품을 다시 업체 로고가 새겨진 비닐봉지나 종이박스에 담아 배송하기 때문에 포장 단계만 해도 이중, 삼중이 된다. 필요한 물건을 인터넷으로 주문했을 뿐인데, 정작 받아 보면 버려야 할 쓰레기가 더 많아지는 경우가 적지 않다.

포장재 쓰레기라 하더라도 플라스틱이 아니라 종이나 다른 천연 재료라면 얼마든지 순환이 가능하다. 재생종이의 원료로 사용되거나 생분해되어 자연으로 돌아감으로써 환경에 대한 부담을 줄일 수 있기 때문이다. 그러나 대개 배송 이후의 과정은 고려하지 않은 채 일회성으로만 포장하다 보니 과대포장이 이루어지고, 결국 소각해야 할 쓰레기를 반복해서 만들어 내고 만다.

이러한 과대포장을 금지하는 법이 이번에는 과연 시행될 수 있을까? 정부가 과대포장 근절을 위해 법안을 마련한 것은 2024년이다. 그러나 업계가 준비되지 않았다는 이유로 2년의 유예 기간을 두었고, 그 기한은 2026년 4월이다. 앞으로 이 법이 시행되면 상품의 크기보다 두 배 이상 큰 박스를 사용할 수 없으며, 포장 역시 한 차례만 허용되는 등 포장재 쓰레기를 대폭 줄여야 한다.

가장 이상적인 방법은 제품을 담았던 포장 박스를 다회용으로 사용하는 것이다. 배송지에 도착하면 상품만 꺼내고 다회용 박스는 곧바로 회수해 다음 배송에 다시 사용하는 방식이다. 이렇게 하면 포장재로 인해 발생하는 쓰레기를 훨씬 많이 줄일 수 있다. 물론 이러한 방식이 전혀 시도되지 않은 것은 아니다. 한살림생활협동조합의 경우 다회용 택배 상자나 보냉 박스를 사용하고, 배송 후 이를 회수하고 있다. 모범적인 사례이지만, 짧은 시간 안에 최대한 많은 배송을 통해 이익을 얻고자 하는 생산자에게는 달갑지 않은 방식일 것이다.

그럼에도 불구하고 이는 반드시 실천해야 한다. 더 이상 늦출 수 없다는 위기의식을 공유하고, 생산자와 소비자가 함께 실천하는 공동의 순환 목표가 되어야 한다.

순환을 가장한 그린워싱

기업들은 자사 상품을 홍보하기 위해 '친환경 제품'이라는 용어를 자주 사용한다. 그러나 실제로는 환경친화적인 제품 생산을 통해 순환경제를 실천하기보다, 겉으로만 환경에 이로운 것처럼 보이도록 홍보하는 데 더 많은 시간과 비용을 쓰는 경우가 적지 않다. 이러한 기만적인 행위를 그린워싱(Greenwashing)이라고 한다.

그린워싱 기업으로 가장 많이 지적받는 회사 중 하나가 바로 코카콜라이다. 코카콜라는 전 세계에서 가장 많은 콜라 음료를 판매하는 기업이지만, 동시에 가장 많은 플라스틱 쓰레기를 발생시키는 기업으로도 지적받고 있다. 이러한 문제를 인식한 코카콜라는 개선 방안으로 재활용된 콜라병을 사용하겠다고 밝혔다. 이후 콜라병 라벨에 '100% 재활용된 플라스틱병' 또는 '100% 재활용 가능한 플라스틱병'이라는 문구를 넣어 홍보해 왔다.

이와 같은 방식의 홍보는 코카콜라뿐만 아니라 다농, 네슬레 워터스(네슬레) 등에서도 유사하게 나타났다.

2023년 11월, 유럽 소비자 단체 연합(BEUC)과 13개국의 회원 단체들은 코카콜라를 비롯한 주요 생수 제조업체들이 자사 제품의 재활용 가능성에 대해 허위·과장 광고를 하고 있다며 EU 소비자 보호 당국에 신고했다. 소비자 단체에 따르면, 새로운 플라스틱 원료를 사용하지 않고 100% 재활용만으로 제품을 만드는 공정은 매우 제

▌노트플라사의 먹을 수 있는 플라스틱 포장제품 Ooho

한적이어서 소비자에게 오해를 불러일으킬 수 있다. 또한 병뚜껑과 라벨은 재활용되지 않기 때문에 '100% 재활용된 병'이라고 할 수도 없다. 더 나아가 순환경제나 친환경 관련 로고를 라벨에 사용하는 것 역시 그린워싱에 해당한다.

결국 이러한 소비자 단체의 지적이 받아들여져, 코카콜라는 2025년 5월부터 라벨의 문구를 변경하기로 했다.

전국적으로 카페 매장을 운영하는 스타벅스는 친환경 기업이라는 홍보 전략과는 달리, 그린워싱 행태로 자주 입방아에 오르내리는 기업 중 하나다. 스타벅스는 일회용 컵 사용을 줄인다는 명목으로 '리유저블 컵'이라는 기획 상품을 출시하고, 2021년 9월 28일에는 창립 50주년을 기념하는 '리유저블 컵 데이'를 열었다. 폴리프로필렌 재질의 다회용 플라스틱 컵을 구매하기 위해 행사 당일 소비자들이 줄을 서서 기다리는 풍경이 연출되었다.

한정판 굿즈라는 점 때문에 컵을 받기 위해 음료를 여러 잔 주문해 두었다가, 차례가 되면 음료는 버리고 컵만 챙겨 가는 사례도 발생했다. 텀블러를 지참한 경우에도 리유저블 컵을 사용하도록 안내하기도 했다. 스타벅스 측은 이 컵을 최대 20회 사용하도록 권고했는데, 이로 인해 일회용 컵 사용을 줄이기보다는 오히려 버려질 플라스틱 컵을 대량으로 생산한 것에 불과하다는 비판이 제기되었다.

기획 상품으로 제작한 플라스틱 다회용 컵을 전면에 내세운 행사로는 발렌타인데이 무렵 진행되는 '핑크 리유저블 컵 증정 이벤트'도 있다. 이 역시 일회용 컵 사용을 줄이자는 취지를 내세우지만, 실제로 탄소 배출 저감 효과를 낼 만큼 여러 차례 사용되는지는 전적으로 개인의 선택과 책임에 맡겨진다. 결국 없어도 될 플라스틱 쓰레기만 늘어났고, 기업은 친환경을 빙자한 홍보 효과만 거두었다는 점에서 그린워싱이라는 여론의 비판을 받았다.

유럽의 자동차 제조사들 역시 그린워싱 논란에 휩싸인 바 있다. 2000년대 초, 독일 자동차 회사 폭스바겐을 비롯한 여러 유럽 자동차 제조사들이 경유 차량의 배기가스 배출량을 조작한 대규모 사기 사건이 발생했다.[1] 이를 디젤 게이트라고 한다. 이 스캔들에는 폭스바겐 그룹의 자회사인 아우디, 포르쉐, 스코다, 세아트뿐만 아니라, 스텔란티스 산하의 피아트, 크라이슬러, 오펠, 그리고 메르세데스-벤츠, 르노-닛산-미쓰비시 얼라이언스 등 유럽의 주요 자동차 제조사 대부분이 연루되었다.

일반적으로 경유는 휘발유보다 오염 물질을 더 많이 배출해 환경 오염의 주범으로 꼽힌다. 그러나 유럽 자동차 업계는 '클린 디젤'이라는 엔진 기술을 내세워 경유 차량이 오히려 휘발유 엔진보다 친환경적이라는 허위 광고를 해 왔다. 이러한 기만적인 홍보는 10년 넘게 지속되었다. 폭스바겐은 2015년 자사가 생산한 차량에 배기가스 조작 소프트웨어를 설치한 사실이 드러났다. 이 소프트웨어는

배기가스 성분을 측정하기 위해 엔진이 공회전 상태일 때만 오염
물질 수치가 낮게 표시되도록 설계되어 있었다. 미국의 조사 결과
이러한 불법 행위가 사실로 밝혀지면서 폭스바겐은 기업 이미지에
큰 타격을 입었다. 이 문제는 우리나라에서도 사회적 논란이 되어
리콜과 과징금 부과, 회사 임직원에 대한 형사 처벌 등의 조치가 잇
따랐다.

폭스바겐은 전 세계에서 판매한 약 1,100만 대의 차량에 대해 리
콜 조치를 시행하는 등, 장기간에 걸친 배상 절차를 진행해 왔다.

그린워싱은 의도적이지 않더라도, 친환경이 아닌 행위를 마치 완
전히 친환경적인 것처럼 보이게 만들어 소비자에게 혼란을 주거나
착각을 일으키는 경우가 많다. 특히 홍보물에 사용된 글귀나 숫자,
이미지를 통해 모든 정보가 사실인 것처럼 전달되기 때문에 소비자
는 쉽게 현혹될 수 있다. 따라서 소비자는 광고 문구를 무조건적으
로 믿어서는 안 된다. 정말 100% 친환경일까, 정말 안전할까 하는
의심의 시선으로 먼저 살펴볼 필요가 있다.

최악의 그린워싱 사례로 논란이 된 사건 중 하나는 가습기 살균
제 사건이다. 1994년 SK케미칼은 세계 최초의 가습기 살균제인 '가
습기 메이트'를 개발해 판매했고, 이후 다른 경쟁 업체들도 앞다투
어 관련 제품을 출시하기 시작했다. 당시 제조사들은 '인체에 무해
한 항균제를 사용한 것이 특징', '인체에 안전한 성분으로 온 가족의

건강을 돕는다' 등의 광고 문구를 내세워 소비자들을 기만했다. 그러나 해당 제품들은 높은 독성과 발암성이 있는 화학물질을 첨가해 제조되었음에도 불구하고, 충분한 검증 절차 없이 시장에 출시된 것으로 드러났다. 이로 인해 다수의 사망자와 피해자가 발생했다.[2] 이 사건은 현재 국가가 나서서 보상 절차를 진행하고 있다. 그럼에도 불구하고 이는 기만적인 그린워싱 행위가 얼마나 끔찍하고 참혹한 피해를 초래할 수 있는지를 여실히 보여 주는 사건이다.

멀고 먼 플라스틱 생산 감축의 약속

플라스틱 쓰레기는 바람에 날리거나 빗물에 씻겨 강과 바다로 흘러들어온다. 그 결과 지구의 바다는 크고 작은 플라스틱 쓰레기로 갈수록 오염되고 있다. 바닷물 속 플랑크톤에서부터 큰 물고기와 바닷새, 나아가 이들을 섭취하는 인간에 이르기까지 몸속에 미세플라스틱이 축적된다. 플라스틱은 지구 환경만 오염시키는 것이 아니라, 결국 인간을 포함한 생명체 전반을 오염시킨다.

문제는 이러한 건강상의 위협에 그치지 않는다. 플라스틱은 생산과 제조, 사용과 폐기에 이르는 전 생애 과정에서 온실가스를 배출한다. 따라서 플라스틱 사용이 늘어날수록 기후 위기는 더욱 심화된다.

전 세계 여러 나라 가운데서도 남태평양의 도서 국가들은 기후

변화로 인한 해수면 상승으로 국토가 침수되고 있다. 실제로 투발루, 키리바시, 나우루, 피지 등은 일부 지역이 가라앉고 있거나 국가의 존립 자체가 위협받고 있다. 아시아 일부 국가를 비롯해 유럽, 아프리카, 북미와 중미 등 전 세계 해안 도시들 역시 침수 위험에 처해 있는 상황이다.

상황이 이처럼 심각해지자 국제사회에서는 공동 대응의 필요성이 제기되었다. 플라스틱이 해양 오염뿐 아니라 기후 위기의 주요 원인이라는 인식이 확산되면서, 생산 단계부터 이를 규제해야 한다는 목소리가 유엔환경총회에서 나오기에 이르렀다.

2014년부터 열린 유엔환경총회에서는 '해양 플라스틱 쓰레기와 미세 플라스틱 문제'를 본격적으로 다루기 시작했다. 이 과정에서 전 세계 여러 국제기구들이 마련해 온 기존 대책과 협약들을 검토했으나, 대부분이 제각각이었고 실효성도 크지 않아 보였다. 기후 변화로 인한 피해가 갈수록 커지는 국가일수록 보다 실질적이고 강력한 대책을 요구했다.

2019년 시작된 코로나19 팬데믹으로 전 세계 일회용품 사용량이 급증하면서, 플라스틱의 생산과 소비, 폐기 전반에 대한 강한 문제의식이 확산되었다. 이러한 문제의식을 바탕으로 여러 차례의 논의 끝에 2022년 제5차 유엔환경회의에서는 플라스틱을 범지구적으로 줄이기 위한 규칙을 마련하기로 결의했다.

이 결의안을 토대로 2022년 11월 우루과이 회의부터 2024년 11월 우리나라 부산에서 열린 회의까지, 모두 다섯 차례의 정부 대표 간 회의와 한 차례의 실무진 회의가 진행되었지만 최종 합의에는 이르지 못했다. 그 이유는 일부 국가들이 플라스틱 생산을 규제하는 내용을 끝까지 반대했기 때문이다.

핵심 쟁점은 두 가지이다. 유럽연합과 영국, 아프리카 국가 등 100여 개국은 플라스틱 생산량 자체를 줄이자고 주장했다. 반면 사우디아라비아나 러시아와 같은 산유국, 그리고 미국은 폐기물 수거와 관리를 개선하고 재활용과 재사용을 확대하자는 의견으로 맞섰다. 소수의 플라스틱 생산국들이 압도적인 다수 국가가 요구하는 생산량 감축 계획에 반대하고 나선 것이다.

플라스틱을 수출함으로써 수입국을 오염시키는 경우 오염 부담금이나 생산자 책임을 강화하자는 방안도 제시되었지만, 어느 하나도 합의에 이르지 못했다. 또한 플라스틱 생산 과정에 사용되는 독성 화학물질을 퇴출하거나 규제하자는 의견도 여러 나라에서 제기되었으나, 이 역시 합의되지 못했다.

지구라는 공동의 마을에서 벌어지고 있는 이러한 상황은 플라스틱으로 이익을 얻는 생산국들이 오염에 대한 책임을 지는 것을 피하려는 데서 비롯된 것이다. 앞으로도 플라스틱을 더 많이 생산해야 하므로, 이를 가로막을 걸림돌을 만들지 않겠다는 의지의 표현

이기도 하다. 대다수 국가들이 누적되는 플라스틱 쓰레기와 독성 오염 물질로 인해 고통을 겪고 있음에도 불구하고 말이다.

이처럼 대책 없이 시간이 흐른다면 플라스틱은 앞으로도 계속 늘어날 것으로 전망된다. OECD는 전 세계 플라스틱 생산량이 2019년 4억 6천만 톤에서 지속적으로 증가해 2060년에는 약 세 배에 이를 것이며, 플라스틱 쓰레기 역시 같은 비율로 증가할 것이라고 내다보았다.[3] 인류는 이제 생산량을 줄이지 않고서는 쏟아져 나오는 플라스틱 쓰레기를 감당할 수 없다는 사실을 깨닫기 시작했다. 더 늦기 전에 국제적으로 강력한 법적 규제를 마련해 플라스틱을 무분별하게 생산하지 못하도록 하는 대책이 지금 당장 필요하다.

버려진 플라스틱에 생명을

재활용의 여러 단계 가운데 고장 난 물건을 고치거나 분해해 재질별로 분리하는 작업은 기본이면서도 매우 중요한 과정이다. 특히 어린이 장난감은 여러 종류의 재료가 섞여 있어 그대로 배출할 경우 누구도 재활용에 선뜻 나서기 어려운 골칫거리 플라스틱 쓰레기가 되기 쉽다. 이러한 수명을 다한 플라스틱 제품에 다시 생명을 불어넣는 창의적인 기업들도 있다.

사단법인 트루(TRU)[4] : 사단법인 트루는 버려지는 장난감을 모아

수리한 뒤, 이를 필요로 하는 사람들에게 저렴한 가격으로 판매하거나 기증해 오고 있다. 수리가 불가능하거나 수명이 다한 장난감은 재질별로 하나하나 분해하는 작업을 진행한다. 이 과정은 '쓸모 장난감학교' 체험 프로그램을 통해 재활용의 어려움을 직접 경험할 수 있도록 운영되고 있다. 또한 거의 매일 외부 자원봉사자들이 참여해 장난감 분해 작업을 돕고 있다.

이렇게 분해된 플라스틱 부품들은 잘게 부수어 낱알(flake) 형태의 원료로 사용되거나, 형태를 그대로 살려 창의적인 정크 아트의 소재로 활용되기도 한다. 낱알을 시트 프레스에 넣어 압착하면 가로와 세로가 각각 1.2미터, 두께 20밀리미터에 달하는 널(sheet)로 제작된다. 트루에서 생산한 낱알과 널은 다른 플라스틱 재활용 업체에 원료로 공급되기도 한다.

트루는 전신인 사회적 기업 '금자동이' 시절까지 포함하면, 10년 넘게 어렵고 고된 장난감 재활용 사업을 이어 오고 있는 비영리 단체이다.

프레셔스 플라스틱(Precious Plastics)[5]: 네덜란드의 데이비드 하켄이 2013년부터 시작한 플라스틱 재활용 프로젝트이다. 이 프로젝트는 버려지는 플라스틱을 부수고 녹여 다양한 실생활 제품을 만드는 실험을 진행하며, 그 과정에서 터득한 노하우를 공개한다. 전문 기술 분야로만 여겨지던 플라스틱 재활용을 일반 대중의 눈높이에 맞쳐 알리는 데 목적이 있다. 이들이 지향하는 바는 재활용 기술 플랫 폼을 통해 플라스틱 문제의 심각성을 알리고, 궁극적으로는 쓰레기 제로 사회에 기여하는 것이다.

2025년 12월 말 현재, 전 세계적으로 1,178개에 달하는 회원 단체 가 멤버십에 등록되어 있으며, 그중 우리나라에서는 9개 단체가 참 여하고 있다. 이들 중 기업연구소 주식회사 프래그,[6] 서울환경운동 연합의 프레셔스 플라스틱 서울[7] 등은 서울을 기반으로 활동하고 있고, 대전에는 재:작소의 프레셔스 플라스틱 대전[8]이 미션을 수행 하고 있다.

장난감 수리센터: 지자체에서는 인천 남동구가 2019년 1월 처음 으로 장난감 수리센터를 설치해 운영하고 있다. 인천 서구 역시 장 난감 폐기물을 줄이기 위한 수리 서비스를 제공하면서, 동시에 어 르신 일자리 창출이라는 효과도 거두고 있다. 서울시가 운영하는 장난감도서관에서는 장난감 대여뿐만 아니라 '수리 병원'도 함께 운영한다. 또한 각 구청과 연계해 서울의 구 단위별로 장난감 도서 관이 설치되어 있으며, 장난감 대여 업무를 하고 있다. 성남에는 특 이하게도 일반인이 자발적으로 운영하고 있는 '장난감척척수리센 터'[9]가 있다. 대학에서 전자공학을 전공하고 컴퓨터 판린 회사에서 행정직으로 근무한 경력이 있는 이 운영자는, 20년 전부터 다니고 있는 교회에서 틈틈이 시간을 내어 고장 난 장난감을 수리해 주고

있다. 수리에 들어간 부품값 등 최소한의 비용을 제외하고는 별도의 수리비를 받지 않는다고 한다.

개념 있는 지구인 되기

플라스틱 시대에 걸맞은 개념 있는 지구인은 누굴까? 플라스틱 시대니까, 플라스틱을 잘 활용할 수 있는 사람이라고 생각한다면 큰 오산이다. 플라스틱 때문에 지금까지 생겨난 문제점을 제대로 알고 있는 사람, 그래서 앞으로 어떻게 해야 플라스틱 문제를 해결할지를 아는 사람이다.

개념 있는 지구인이 되려면 '플라스틱 프리'를 지킬 수 있어야 한다. '플라스틱 프리'란 플라스틱이 없는 삶을 뜻한다. 단지 플라스틱 프리만을 외치는 것으로는 부족하다. 구체적인 목표와 이를 행동으로 옮길 의지도 필요하다. 플라스틱으로 지구 생태계와 환경이 망가지는 것을 더는 보고 있을 수 없다는 동기도 좋다. 그럼 우리가 직접 할 수 있는 일을 단계별로 함께 실천해보자.

• 카페에서 일회용품 안 쓰기

텀블러나 개인용 머그잔을 카페에 가져가 음료를 담는다. 플라스틱 빨대나 커피스틱, 컵 홀더나 뚜껑 등 일회용품 사용을 피한다.

• 플라스틱에 담긴 생수나 음료수 마시지 않기

개인용 물병을 항상 지니고 다니자. 그리고 물이나 음료수를 살 때 플라스틱에 든 제품을 선택하지 말자. 어쩔 수 없이 사야 한다면, 여러 번 재활용할 수 있는 것을 선택하거나 유리병, 알루미늄, 캔에 든 것을 산다. 앞으로는 편의점에서 플라스틱병 대신 유리병에 담긴 생수 제품을 팔도록 유도한다는 정부 대책도 발표되었다.

• 비닐로 포장한 채소나 과일 사지 않기

마트에 갈 때는 에코백이나 작은 천 주머니(프로듀스 백)를 챙겨가자. 진열대에서 비닐로 포장된 식자재나 과일은 사지 않는다. 낱개로 파는 상품은 비닐 포장을 안 한 경우가 많으니 되도록 낱개로 사자.

• 물휴지와 냅킨 쓰지 않기

물휴지(또는 물티슈)를 휴지와 비슷한 소재로 생각하기 쉽지만, 사실 재활용이 되지 않는 플라스틱이다. 식당이든 집에서든 물휴지 사용을 가급적 줄이자. 손수건을 갖고 다니면서 쓰거나 물로 손을 씻는 게 좋다.

• 온라인으로 물건을 살 때 플라스틱 포장을 거부하기

온라인으로 물건을 살 때 배송요청 창에 '비닐 포장 대신 신문지나 종이로 포장해주세요'라는 메시지를 전해보자. 요청사항을 받아들여 플라스틱 포장이 없는 제품이 오면 구매 리뷰 게시판에 칭찬 글을 남긴다.

• 천연 제품으로 집 안을 채우기

플라스틱 통에 든 액체 샴푸 대신 고체 샴푸를 쓴다. 플라스틱 칫솔 대신 대나무 칫솔에, 튜브에 든 치약 대신 고체 치약을 발라서 양치해보자. 플라스틱 주걱이나 그릇 대신 유리나 금속으로 만든 주방용품이 좋다. 천연 수세미와 면 행주를 쓰고, 세제는 리필이 되는 제품으로 바꾼다.

'플라스틱 프리' 실천 2단계 - 함께 실천하기

• 실천 약속을 널리 알리기

가족이나 친구에게 자신의 실천을 알리고 함께할 것을 제안해보자. 더 줄일 수 있는 생활 속 플라스틱이 있는지 함께 고민하고 찾아본다.

- **함께하는 실천 약속을 찾기**

  학교를 비롯해 공동체에서 많이 발생되는 플라스틱과 비닐이 무엇인지 조사하고 이를 줄이기 위한 방안을 함께 강구해본다. 예를 들면 학교 식당 또는 교실에서 자주 쓰는 일회용품이나 포장용품 목록을 만들고, 줄일 수 있는 것이 무엇인지 함께 고민해 약속을 정한다.

- **플라스틱 없는 공동체 문화 만들기**

  플라스틱 비나 솔, 걸레, 칠판지우개 등 미세플라스틱을 만드는 비품이나 도구를 천연 제품으로 바꾼다.

- **재활용품을 보관하는 공간(또는 거점) 만들기**

  분리수거한 재활용품을 깨끗하게 모으고, 일정량을 모았을 때 재활용업체에 전달할 수 있는 공간이나 거점을 학교나 마을에 마련한다.

- **재활용품 함께 모아 판매하기**

  생수 페트병을 '라벨 떼기 → 뚜껑과 고리 떼기 → 헹구기'를 해서 모아둔다. 우유팩이나 공병, 캔류, 종이 능 재활용이 가능한 물품도 깨끗이 헹구고 이물질을 분리해 모은다. 일정한 양이 되면 재활용품 수거업체에 연락해 판매한다.

한두 사람의 실천도 중요하지만, 마을이나 학교처럼 공동체가 함께 플라스틱 프리를 실천하면 변화는 한 발 더 빨라진다. 약속을 실천하는 사람이 늘수록 플라스틱이 일으키는 환경오염은 분명 줄어들 것이다. 플라스틱이 꼭 필요한 곳에만 사용되어 순환할 수 있는 착한 자원이 될 때 비로소 지구는 지속 가능하다. 이 말에 공감하고 실천한다면, 여러분은 개념 있는 지구인이 될 게 분명하다.

플라스틱 제로 시대를 향하여

산업혁명 이후 현재까지의 기간은 길어야 250여 년에 불과하다. 이 기간 동안 인류의 삶은 풍요로워졌고, 의료 기술의 발달로 평균 수명도 크게 늘어났다. Worldometer의 인구 통계에 따르면, 플라스틱 기술이 발달하면서 PVC 등이 생활 재료로 일상에 본격적으로 사용되기 시작한 1950년 무렵 세계 인구는 약 25억 명이었다. 그러나 2025년 말에는 세계 인구가 83억 명에 이르러, 불과 75년 만에 전 세계 인구가 약 3.3배 증가한 셈이다.[1] 이처럼 많은 인구가 지구에 살면서 배출하는 쓰레기는 늘어나면 늘어났지, 결코 줄어들지 않을 것이다. 적어도 현재의 추세대로 인구 증가가 멈추지 않는 한 쓰레기 양 역시 감소하지 않을 것으로 보인다. 이러한 가운데 플라스틱 쓰레기 증가량을 예측한 보고서도 있다.

2020년에 발행된 엘렌 맥아더 재단(Ellen MacArthur Foundation)의 보

고서에 따르면, 지금과 같은 생산과 소비 구조가 유지될 경우 2040년 전 세계 플라스틱 소비량은 2016년 대비 두 배로 증가할 것으로 예상된다. 또한 자연으로 유출되는 플라스틱 쓰레기 양은 세 배, 바다로 유입되는 플라스틱은 총 6억 톤에 달해 네 배로 늘어날 것이라고 전망했다. 실로 어마어마한 규모다. 이미 이 시점에 이르면 바닷물은 플라스틱 수프처럼 변해 있을 가능성이 크다.

더 나아가 2050년이 되면 바닷속에서 물고기의 총무게보다 플라스틱의 총무게가 더 많아질 것이라는 예측도 제기되고 있다.

정말로 그렇게 된다면 어떤 일이 벌어질까? 물속에 떠다니는 미세플라스틱 때문에 해수욕이 금지될지도 모른다. 어업을 통해 양식한 굴이나 김 같은 해산물을 먹지 못하게 되거나, 별도의 수족관과 같은 시설에서 키운 것만 섭취하게 되는 등 지금과는 판이하게 다른 일상이 펼쳐질 수도 있다. 집 밖에서는 미세플라스틱을 걸러낼 수 있는 마스크를 반드시 착용해야 하고, 심지어 집집마다 초미세플라스틱을 제거하는 정수기를 사용해야 할지도 모른다. 건강검진을 받을 때는 혈액이나 세포 속에 축적된 초미세플라스틱의 함량을 측정하는 검사가 포함될 가능성도 있다. 정말 상상조차 하고 싶지 않은 미래다.

그렇다고 앉아서 그런 미래가 다가오는 것을 두려워하며 기다릴 수만은 없다. 남아 있는 시간이 많지 않다고 생각한다면, 가능성이

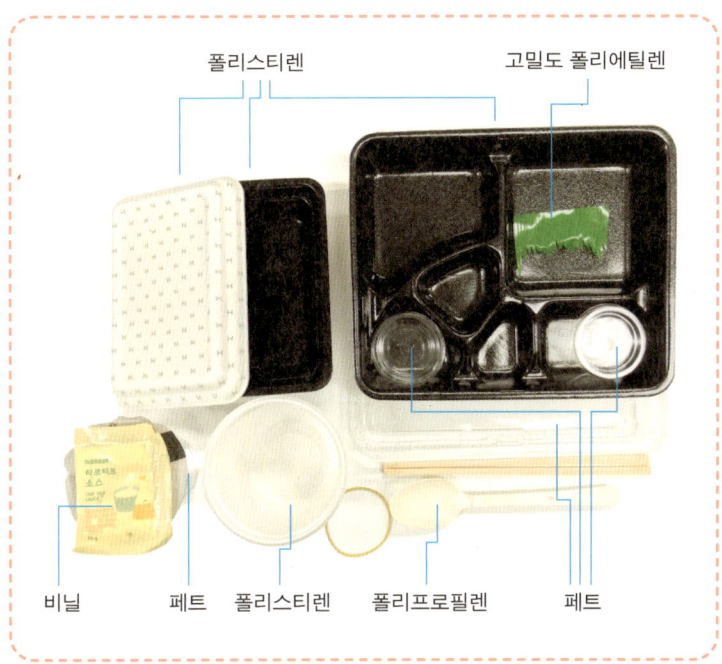

폴리스티렌   고밀도 폴리에틸렌

비닐   페트   폴리스티렌   폴리프로필렌   페트

일회용 도시락에서 나온 플라스틱 쓰레기들

아무리 작더라도 붙잡고 행동에 나서야 한다. 다행히도 플라스틱을 바라보는 세계인의 시선은 이미 달라지고 있다. 플라스틱의 속성과 위험성을 알게 된 이상, 더 이상 무조건 환호하거나 막연한 기대를 품지는 않게 된 것이다. 위의 그림을 보며 이를 좀 더 구체적으로 정리해보자.

이 일회용 도시락 세트는 행사나 야외 활동 시 굳이 식당을 찾지 않고 식사를 해결하려 할 때 사용된다. 누구나 이 그림을 잠깐만 보아도 식사가 끝난 뒤 재활용하기 번거로운 플라스틱만 남게 된다는 사실을 알아차릴 수 있을 것이다. 공교롭게도 이 도시락 하나에는 재활용 업체들이 꺼리는 온갖 종류의 포장재가 모두 들어 있다. 검은색 코팅이 된 스티로폼을 비롯해 장식용 플라스틱 조각, 작은 페트 용기, 종이와 나무, 고무까지 재활용하기 어려운 재료들만 모아 놓은 듯하다. 게다가 이들 플라스틱은 음식물로 오염된 상태로 배출된다.

한마디로 이 도시락은 순환을 전혀 고려하지 않은 디자인 · 생산 · 소비의 대표적인 사례다. 이 제품을 기획하고 생산한 도시락 업체는 왜 이렇게 다양한 플라스틱 재질을 한데 섞어 놓았을까? 음식보다 포장재가 더 많은 도시락을 비운 소비자가, 이를 하나하나 씻고 재질별로 분류해 재활용 배출할 수 있으리라고 생각했을까? 아니면 생산자와 소비자 모두 재활용은 자신의 책임이 아니라고 여긴 것은 아닐까?

순환을 고려한 디자인은 처음부터 끝까지 순환을 우선적으로 의식해야 한다. 선택한 재료가 마지막 단계까지 순환할 수 있는지, 그 순환이 친환경적인지, 자원과 원료를 덜 사용하는 방식인지를 따져 보아야 한다. 이것이 바로 기후 위기 시대의 디자이너가 반드시 알아야 할 디자인 수칙이다.

도시락 생산자 역시 마찬가지다. 일회용 도시락 대신 보증금을 받고 대여하는 다회용 도시락은 가능하지 않을지, 꼭 일회용이어야 한다면 그릇의 수를 최대한 줄일 수는 없을지 고민하며 메뉴를 구성해야 한다. 소비자 또한 선택의 책임에서 자유롭지 않다. 애초에 일회용 플라스틱을 사용하지 않겠다고 마음먹었다면 도시락을 각자 준비해 오게 할 수도 있었을 것이다. 상황에 따라서는 포장재가 거의 들지 않는 주먹밥이나 김밥도 충분히 대안이 될 수 있다. 먹고 난 뒤 발생하는 플라스틱을 어떻게 재활용해 배출할지를 생각한다면, 이 제품은 애초에 선택하지 말아야 한다.

기본적으로 쓰레기를 만들지 않는 것이 가장 중요하다. 무엇보다 플라스틱 일회용품과 과도한 포장재는 과감히 생략해야 한다. 디자이너든 생산자든 소비자든 플라스틱을 마주했을 때 경각심을 느끼고 부담스럽게 인식해야 한다. 부득이하게 선택해야 한다면, 재활용에 지장이 없는 제품을 우선적으로 골라야 한다. 재활용이 원활하게 이루어지도록 배출하는 것까지도 우리의 책임이기 때문이다.

이미 지구는 플라스틱 쓰레기로 인해, 아니 플라스틱이라는 외계 물질로 인해 신음하고 있다. 플라스틱이 처음 발견되었을 때 이런 재앙으로 이어질 것이라고는 누구도 예상하지 못했을 것이다. 그러나 시행착오를 겪는 시간은 짧을수록 유리하다. 우리는 어떤 플라스틱을 피해야 할지 빠르게 결단해야 한다. 그리고 결단했다면, 생활 속에서 실천으로 옮겨야 한다.

플라스틱 제품을 무조건적으로 소비하기보다 거부하고 줄이자.

불가피하게 사용하더라도 재활용에 지장이 없는 것을 선택해 사용하자. 한 걸음 더 나아가 순환이 가능한 소비 방식이 무엇인지, 더 나아가 기후 위기 시대에 탄소발자국을 줄이는 생산과 소비가 무엇인지에 대해 고민하고 배워야 한다. 마침 지구촌 곳곳에서 플라스틱을 거부하려는 움직임도 점점 거세지고 있다. 이 기회에 책임 있는 지구인으로 한 걸음 더 나아가 보자.

참고 자료

1장 플라스틱 전성시대

(1) 식품음료신문, 2020.2.3, 〈PVC 랩 대체 PO 랩 현장에서는 '글쎄'〉, https://www.thinkfood.co.kr/news/articleView.html?idxno=86303

(2) ABC 방송과의 인터뷰 기사 속기록, 1999.4.19.

(3) 식품의약품안전처, 2020.9.24, 〈식품용 기구 및 용기포장의 기준규격 해설서〉.

2장 플라스틱이 세상에 처음 나올 때

(1) 박종찬 외 1인, 2020, 〈천연고무 생산 대체고무작물 개발 현황〉, Rubber Technology Vol. 21, No. 1.

(2) 박종찬 외 1인, 2020, 〈천연고무 생산 대체고무작물 개발 현황〉, Rubber Technology Vol. 21, No. 1.

(3) The History of Plastic, 2011.11.7, https://www.plasticsmakeitpossible.com

(4) IPEN, "Industrial Chemicals", https://ipen.org/toxic-priorities/industrial-chemicals

(5) POPs and the Circular Economy, eeb.org/publications/81/circular-economy/33789/pops-in-the-circulareconomy. pdf

(6) 레이첼 카슨, 2011, 《침묵의 봄》, 에코리프르, 256~257쪽.

3장 플라스틱의 두 얼굴

(1) NPR, National Public Radio Inc. Study: Most Plastics Leach Hormone-Like Chemicals, 2011년 3월 2일.

(2) Z. He, G. Li, J. Chen, Y. Huang, T. An, C. Zhang, 2015, 〈Pollution characteristics and health risk assessment of volatile organic compounds emitted from different plastic solid waste recycling workshops〉, Environ. Int. 77, pp. 85-94.

(3) Plastics Recyclers Europe, 2020.2.5, 〈Closing the loop with PET: Bottle-to-bottle recycling projected to grow〉.

(4) European Bioplastics, 2016, 〈What are bioplastics?〉, Fact Sheets

(5) '바이오 플라스틱이 정말로 좋기만 한 걸까'라는 질문에 상세히 정리되어 있는 웹사이트. https://www.explainthatstuff.com/bioplastics.html

(6) 동아사이언스, 2018.12.31〈완전 분해 '친환경 플라스틱' 가능할까?〉, http://dongascience.donga.com/news.php?idx=25969

(7) 자세한 내용은 다음 링크를 참조. https://environmental-conscience.com/plastic-pros-cons/

4장 지구를 점령한 외계물질, 플라스틱

(1) 다음 사이트를 참조. https://pubmed.ncbi.nlm.nih.gov/30981178/

(2) 다음 사이트를 참조. https://www.cleanwater.org/problem-marine-plastic-pollution

(3) Dunzhu Li 외 7인, 2020.11, 《Microplastic release from the degradation of polypropylene feeding bottles during infant formula preparation》, Nature Food.

(4) 다음 사이트를 참조. https://www.news-medical.net/news/20201119/

Drinking-hot-beverages-from-paper-cups-poses-health-risks-shows-study.aspx

5장 쓰레기 대란을 막을 순환경제

(1) 이를 디젤 게이트라고 한다. 이 스캔들에는 폭스바겐 그룹의 자회사인 아우디, 포르쉐, 스코다, 세아트뿐만 아니라, 스텔란티스 산하의 피아트, 크라이슬러, 오펠, 그리고 메르세데스-벤츠, 르노-닛산-미쓰비시 얼라이언스 등 유럽의 주요 자동차 제조사 대부분이 연루되었다.

(2) 2025년 12월 말 정부가 공식 인정한 피해자만 5,942명에 사망자는 1,382명에 달한다 [출처:https://www.joongang.co.kr/article/25396492], 하지만 미인정 자들을 포함하면 최소 8,000명 이상 14,000명에 이를 것으로 추산한다.

(3) OECD 보고서, 글로벌 플라스틱 아웃룩(Global Plastics Outlook), Policiy Scenarios to 2060.

(4) 다음 사이트를 참조. 사단법인 트루 홈페이지 http://www.tru.or.kr/

(5) 다음 사이트를 참조. 프레셔스 플라스틱의 홈페이지 https://preciousplastic.com/

(6) 다음 사이트를 참조. 주식회사 프래그(브랜드명 노플라스틱선데이) 홈페이지 https://noplasticsunday.com/

(7) 다음 사이트를 참조, 서울환경운동연합의 프레셔스 플라스틱 서울 홈페이지 https://ppseoul.com/

(8) 재작소의 홈페이지 https://jaejagso.notion.site/0f9c6a346a73481dbd63e6ca160aac2a

(9) 장난감척척수리센터의 인터넷카페 https://cafe.naver.com/toysrepair

나오는 말

(1) 인구 통계는 다음의 링크를 참조하였다. https://www.worldometers.info/
world-population/world-population-by-year/

더 찾아볼 만한 자료들

• 책

에드워드 흄즈(박준식 옮김), 2013, 《102톤의 물음》, 낮은 산.

홍수열, 2020, 《그건 쓰레기가 아니라고요》, 슬로비.

애니 레너드(김승진 옮김), 2011, 《너무 늦기 전에 알아야 할 물건 이야기》, 김영사.

이진규(박진주 그림), 2016, 《어쩌지? 플라스틱은 돌고 돌아서 돌아온대!》, 생각하는아이지.

고금숙, 2019, 《우리는 일회용이 아니니까》, 슬로비.

산드라 크라우트바슐(류동수 옮김), 2016, 《우리는 플라스틱 없이 살기로 했다》, 양철북.

강신호, 2019, 《이러다 지구에 플라스틱만 남겠어》, 북센스.

최원형, 2017, 《최원형의 청소년 소비 특강》, 철수와영희.

레이첼 카슨(김은령 옮김), 2011, 《침묵의 봄》, 에코리브르.

윌 맥컬럼(하인해 옮김), 2019, 《플라스틱 없는 삶》, 북하이브.

• 영화

크리스 조던 감독, 2017, 〈앨버트로스(Albatross)〉

앤드루 스탠턴 감독, 2008, 〈월-E〉

롤랜드 에머리히 감독, 2004, 〈투모로우〉

• 넷플릭스

크레이그 리슨 감독, 2016, 〈플라스틱, 바다를 삼키다A Plastic Ocean〉, https://

www.netflix.com/kr/title/80164032?source=35

• 유튜브

The Story of Stuff Project, 2009, 〈The Story of Stuff〉, https://youtu.be/9GorqroigqM

KBS 다큐, 2021, 〈태평양에 쌓여가는 플라스틱 쓰레기들! 30일간의 태평양 탐사 동행 취재〉, https://youtu.be/RhFHC4HNcLA

EBS 컬렉션-사이언스, 2020, 〈플라스틱 A to Z (만들어진 배경부터 환경 문제까지)〉, https://youtu.be/eZq4J8GNh4Y

그림 출처

23쪽 China Dialogue Ocean, "'Industry needs to step up its game' on plastics", chinadialogueocean.net/3104-industry-needs-to-step-up-their-game-on-plastics/

25쪽 Wikipedia, en.wikipedia.org/wiki/File:All_The_Light_Above_it_Too.jpg

27쪽 U.S. Fish and Wildlife Service Headquarters, www.flickr.com/photos/usfwshq/8080507529

31쪽 NATIONAL GEOGRAPHIC, www.nationalgeographic.org/encyclopedia/great-pacific-garbage-patch/

49쪽 저자 소장 자료

54쪽 Shutterstock, www.shutterstock.com/ko/image-photo/modern-automated-production-line-factory-plastic-1247301823

86쪽 저자 소장 자료

93쪽 저자 소장 자료

97쪽 ScienceDirect, www.sciencedirect.com/science/article/abs/pii/S0048969720323093#f0030

115쪽 Shutterstock, www.shutterstock.com/ko/image-vector/comparing-circular-linear-economy-product-cycle-791989993

120쪽 Notpla사의 홈페이지, www.notpla.com

133쪽 저자 소장 자료

찾아보기

10대에게 들려주는 플라스틱 이야기

왜 플라스틱이 문제일까?

초판 1쇄 인쇄 · 2026. 2. 25.
초판 1쇄 발행 · 2026. 3. 10.

—

지은이　　강신호
발행인　　이상용, 이성훈
발행처　　청아출판사
출판등록　1979. 11. 13. 제9-84호
주소　　　경기도 파주시 회동길 363-15
대표전화　031-955-6031 팩스 031-955-6036
전자우편　chungabook@naver.com

—

ⓒ 강신호, 2026
ISBN 978-89-368-1271-3　43300

—

이 책은 《왜 플라스틱이 문제일까?》의 내용을 보완하여 재출간한 것입니다.